KB204137

코로나19는 교회와 국가 간의 갈등을 증폭시키고 있다. 집합금지, 행정명령, 민형사상 조치, 비대면 예배, 교회 폐쇄, 예배 강행, 행정소송과 같은 자극적인 언사가 난무하고 있다. 예배를 목숨처럼 소중하게 여기는 교회와 국민의 생명을 지키기 위해 감염병 차단에 주력하는 정부 사이에 서로 협력할 수 있는 제3의 길은 정말 없는 것인가? 여기 사실Fact에 근거하여 의사, 법률가, 신학자가 지나온 시간들의 객관적인 통계와 결과를 두고 상생할 수 있는 방안을 제시하고 있다. 이 책은 기독교인들이 공예배의 소중함을 지키면서도 사회적 책임을 다할 수 있는 길을 보이고 있다.

– **한기채** 기독교대한성결교회 총회장

필자는 본서의 내용을 소개하거나 평가하기 전에 먼저 누구나 이 책을 꼭 한번 읽어보라고 권하고 싶다. 코로나19 방역을 위한 정부의 교회 예배 통제가 이미 당연한 듯 받아들여지고 있긴 하지만, 한편으로는 일반인들의 편향된 인식과 정부의 과도한 통제로 인한 갈등이 계속되고 있는 상황에서 교회는 성경적인 관점과 가르침을 반드시 확인할 필요가 있다고 본다.

– **정주채** 향상교회 은퇴목사, 코람데오닷컴 이사장

코로나19는 그야말로 한국교회가 한번도 경험해보지 못한 사건이었다. 그런데 핵심은 종교의 자유로 지켜오던 예배가 갑자기 타의에 의하여 중단되는 사태까지 왔다는 것이다. 더욱 놀라운 것은 일부 지도자들이 이를 기다렸다는 듯이 '비대면 예배'를 강조하였다. 이 시점에서 한국교회가 예배의 문제를 분명히 할 때, 외부의 도전을 막아낼 수 있다.

– **이억주** 한국교회언론회 대표

역사의 교훈은 교회가 곡신아세曲信阿世를 하면 반드시 그 정체성이 훼손 된다는 결말을 보여준다. 지금은 주님이 친히 말씀하신대로 "하나님의 것 은 하나님에게, 가이사의 것은 가이사에게" 돌리는 긴장 가운데서의 자기 분별력과 믿음의 결단력이 필요한 시점이다. 본서는 쓰나미처럼 몰려오 는 세속적 가치와 우리 시대의 새로운 경험인 코로나19 발발의 팩트가 어 떠한 열매를 가져다주는지에 대한 통찰력을 제시한다. 믿음으로 주님 편 에, 말씀 편에 서는 것이야말로 당대가 살고 다음세대에 소망의 불꽃을 점 화하는 일이라 생각한다. "형통한 날에는 기뻐하고, 곤고한 날에는 되돌아 보아라"는 전도서의 말씀처럼, 본서가 우리 그리스도인의 분별력의 깊이 를 더하는 촉매제로 쓰임받기를 기대한다.

– 오정호 새로남교회 담임목사, 미래목회포럼 대표

본질상 지상에 있는 하나님의 교회의 가치는 하늘에 속하고, 영원하며, 코 로나의 현실이 그 가치를 무너뜨리지 못한다. 평안하고 자유로울 때도 그 랬듯이, 사탄은 이 상황을 자기 방식대로 활용하여 교회, 곧 성도의 신앙 을 거스르는 철벽을 구축하려 할 것이다. 그럼에도 불구하고 이 상황의 주 도권은 여전히 우리 주 성삼위 하나님의 손에 있다. 과거 교회사 속에서 모 양은 달랐지만 이보다 수십 배 더 심한 상황도 있었다. 세상과 모든 상황을 이기는 은혜를 주시는 주님의 손은 믿음 안에서만 보인다. 이 책은 교회와 성도가 그 믿음에 충실하여 지혜와 능력을 힘입는 길을 그 사랑하시는 종 들로 증거하게 하신 주님의 선물이다.

– 서문강 중심교회 원로목사

한국교회는 코로나 사태로 인해 현재 벌어지고 있는 상황이 교회 박해인지 아닌지로 갑론을박을 한다. 과연 성도를 죽이는 것만이 박해인가? 사탄은 역사적으로 교회를 말살하기 위해 살인, 방관, 비난 등 수단방법을 가리지 않았다. 지금은 고차원적인 박해가 가해지는 시대이다. 이런 영적 맹공에 속수무책 당하는 교회가 앞으로 어떻게 방어하고, 어떻게 반격할 것인가? 필자는 이 책이 사탄을 향한 교회의 역공의 신호탄이 될 것이라 확신하며, 모든 성도들에게 필독을 권한다.

– 박정곤 경남기독교총연합회 대표회장, 고현교회 담임목사

본서는 코로나 팬데믹으로 인해 국가의 통제 기능이 강화된 가운데 국가가 방역을 명분으로 일방적으로 교회 폐쇄 내지 대면 예배 제한명령을 내림으로써 교회의 종교적 자유를 침해할 수 있는 실례를 보여주는 의미심장한 책이다. 본서는 의료적, 법학적, 국제관계학적, 신학적, 교회사적 측면에서 전문가적 관점을 제시하고, 특히 현장 대면 예배의 중요성과 온라인 비대면 예배의 비정상성에 관하여 신학적으로 설명해주고 있다. 그러면서 국가의 정치적인 동기의 방역조치에 대처해야 할 교회의 자율성 태도에 관하여 방향을 제시하고 있다. 주정부의 현장 예배 금지와 집회제한명령을 거부하고 대면 예배를 거행하고 있는 미국 존 맥아더 목사의 그레이스 커뮤니티 교회의 사례는 오늘날 코로나 상황에서 정부에 대한 한국교회의 관계설정에 하나의 시사점을 제시해준다. 본서는 또한 국가권력의 부당한 간섭에 대하여 교회의 독립성과 저항권 사상을 가르친 스코틀랜드 장로교회의 존 녹스의 사례를 제시해주고 있다. 이 책은 코로나 시대 목회자들과

신자들에게 공권력에 대한 올바른 신앙적 관계설정을 제시해주는 책이다.

– **김영한** 샬롬나비 상임대표, 기독교학술원장, 숭실대 명예교수

이 책은 '코로나 정치'에 대한 종합적 평가서로서, 그리스도인들로 하여금 오늘의 상황을 직시하게 하고 바른 대응의 자세를 제시한 '우리 시대의 책'이다.

– **김남식** 한국장로교사학회 회장

코로나 바이러스와 교회 셧다운

CORONAVIRUS AND
CHURCH
SHUTDOWN

코로나 바이러스와 교회 셧다운

명재진 · 서창원 · 이명진 · 이상규 · 이승구 · 정소영 · 조정의 지음

개혁된실천사

목차

Q. 정부와 여론이 주 타겟으로 삼는 교회발 집단 감염은 실질
    점유율이 10%, 20%를 넘는가?

A. 결코 그렇지 않다. 5%대 정도이며 종교적 모임만을 통한 감염
    은 2%대로 추정될 정도로 미미하다. (2장 참조)

Q. 사회 안의 비격리 감염자 수가 1만 명 내외인 코로나19 상황
    에서 마스크 쓴 모임은 기존의 독감철 마스크 벗은 모임 대
    비 위험성이 높은가 아니면 낮은가?

A. 현저히 낮다. 100분의 1 이하이다. (3장 참조)

Q. 과거 독감철 마스크 벗은 예배 모임 대비 위험성이 100분의
    1 이하인 코로나19 상황의 마스크 쓴 예배 모임을 실질적으
    로 셧다운하는 인원 수 제한, 거리두기는 합헌인가?

A. 위헌이다. (3장, 4장 참조)

Q. 교회마다 모이는 행태에 따라 위험성에 차이가 있다면, 0.1%
    의 교회에서 발생한 집단 감염을 이유로 전체 교회의 모임을
    금지하거나 실질적으로 금지(거리두기, 인원제한)하는 것이 합헌
    인가?
A. 위헌이다. (3장, 4장 참조)

Q. 전염병 상황이 되면, 교회 모임의 모이는 횟수, 모이는 인원
    수, 모이는 방법 등을 결정하는 권위가 국가에게로 넘어가는
    것이 성경적 원칙인가?
A. 아니다. (5장, 6장 참조)

Q. 하나님은 국가에게 교회를 다스릴 관할권을 주셨는가?
A. 아니다. (4장, 5장, 6장 참조)

Q. 하나님이 인간 사회 안에 세우신 세 가지 기관은 무엇인가?
A. 가정, 국가, 교회 (5장, 6장 참조)

Q. 그렇다면 국가가 국민의 생명을 보호할 의무는 어떻게 되는
    가? 국가는 국민의 생명을 보호한다는 명분으로 교회나 가정

의 자율적 결정 영역에 사전적, 포괄적 규제를 가할 수 있는 가?

A. 그럴 수 없다. 어떤 교회 안에서 큰 문제가 발생했을 때 사후적으로 그 교회에 한한 개별적 개입을 할 수 있을 뿐이다. 개입할 때에도 종교의 자유를 억압하지 않는 한도에서 개입할 수 있다. (5장, 6장 참조)

Q. 헌법 이론에 의하면 종교의 자유, 양심의 자유, 표현의 자유는 다른 기본권(예를 들면 경제활동의 자유)에 비하여 훨씬 더 두텁게 보호되어야 하는가 아니면 다른 기본권과 동일한 성도로 보호되어야 하는가?

A. 훨씬 더 두텁게 보호되어야 한다. (4장 참조)

Q. ICCPR 제4조에 따르면, 팬데믹 상황에서 각국 정부가 개인의 기본권을 제한할 때 준수해야 하는 네 가지 원칙으로는 무엇이 있는가?

A. 합법성, 필요성, 비례성, 비차별성의 원칙 (11장 참조)

Q. 존 맥아더 목사가 사역하는 그레이스 커뮤니티 교회가 캘리포니아 주지사의 교회 봉쇄 명령에 불복종한 것은 헌법적 근거에 의한 행동인가?

A. 아니다. 헌법적으로도 권리가 있지만 그보다 더 근원적인 성경적 원칙, 즉 가이사의 것은 가이사에게 하나님의 것은 하나님에게 돌린다는 원칙에 근거한 것이다. (5장 참조)

Q. 그동안의 정부의 일괄적, 예방적, 전면적 규제는 위헌인가? 어떤 이유로 위헌인가?

A. 위헌이다. 우선 관할권 위반이라서 위헌이다. 그리고 더 낮은 수준의 규제로도 목적을 달성할 수 있으므로 위헌이다. 그리고 법규정의 불명확성으로 인해 위헌이다. (4장 참조)

Q. 마스크 착용하고 모이는 교회에게 거리두기가 꼭 필요하다는 증거가 있는가?

A. 없다. 마스크 착용하고 모이는 것만으로도 기존 독감철 마스크 벗고 모이던 모임보다 적어도 수십 배 많게는 백 배 이상 안전하였다. 거기서 두 배, 세 배 더 안전하게 만들 필요는 없다. (3장 참조)

Q. 대통령, 국무총리, 도지사, 시장, 군수 등 수많은 위정자들이 스스로의 판단에 따라 교회 예배 모임 등 종교 활동을 허가 또는 금지하거나, 참석가능 인원을 일괄적으로 정해주거나, 거리두기로 참석인원을 실질적으로 제한하는 권세를 마음대

로 휘두르는 것이 성경적인가?

A. 그렇지 않다. 하나님은 그들에게 교회를 다스릴 권세를 주지 않으셨다. 이런 문제에 있어서 그들은 관할권을 갖고 있지 않다. (5장, 6장 참조)

Q. 예배 모임 방역 조치 위반시 벌금, 과태료 부과, 손해배상 청구, 방역 비용 및 치료 비용에 대한 구상권 행사 등을 하겠다고 발표한 정부당국의 강압적 압박은 유엔의 가이드라인에 부합하는가?

A. 그렇지 않다. (11장 참조)

Q. 세상 권세가 하나님의 뜻에 명백하게 반하는 것을 명령할 때 교회는 이에 순종하여야 하는가?

A. 아니다. (5장, 6장, 12장 참조)

Q. 온라인 예배와 현장 예배 중 교회의 본질의 구현에 적합한 방식은 어느 쪽인가?

A. 현장 예배이다. (7장, 8장 참조)

Q. 온라인 예배와 현장 예배 중 우월한 방식은 어느 쪽이며, 하나님께 드리는 예배를 열등한 방식으로 변경하는 것이 정당

화되려면 어떤 요건이 있어야 하는가?

A.   현장 예배가 우월한 방식이다. 열등한 방식으로 변경하는 것
     이 정당화되려면 아주 특수한 사정이 있어야 한다. (7장, 8장 참
     조)

Q.   교회가 방역당국의 결정에 따라 모이거나 모일 수 없는 것이
     라는 생각을 하는 것이 합당한가?

A.   그렇지 않다. (8장 참조)

Q.   사회와 여론이 교회를 감염의 주범으로 오해할 때, 교회와 국
     가는 어떻게 행할 의무가 있는가?

A.   교회는 이웃 사랑의 의무의 일환으로서 참된 것을 말해야 하
     며, 국가는 정확한 정보를 전달하여 사회의 오해를 불식시켜
     주어야 한다. (10장 참조)

Q.   장로교 정치제도하에서 코로나19 상황하의 현장 모임에 대
     하여 각 교회는 어떻게 결정하는 것이 바람직한가?

A.   총회에서 신학자, 의료인, 법학자 등이 지혜를 합쳐 사안을
     충분히 연구하고 지침을 마련하며, 각 교회는 그 지침을 참고
     하여 당회에서 결정한다. (9장 참조)

1장
교회 집단 감염 현황과
그간의 정부 규제

편집부

1부

객관적 수치로 살펴본 교회 집단 감염 현황

다음의 교회 관련 집단 감염 자료는 2020년 9월 15일 기준으로 그동안 5명 이상의 집단 감염이 발생된 사례를 시간순으로 나열한 자료로서 약간의 오차가 있을 수 있다(방역당국으로부터 그동안의 교회 집단 감염을 전체적으로 집계해 놓은 공식적인 자료를 받을 수 없었기에 언론사 보도와 방역당국의 간헐적인 발표들에서 자료를 취합하였고, 이에 따라 일부 누락이나 오류가 있을 수 있음. 다음의 자료는 집단 감염이 발생한 교회명(확진자 수), 확진자 발생일, 원인 순으로 기재함).

- 부산 온○교회(39명) : 2월 21일, 마스크 미착용, 수련회에서

밀접 접촉(이하 모든 날짜는 2020년임)

- 경남 거창교회(10명) : 2월 26일, 마스크 미착용(이단 사이비).[1]

- 수원 생○○교회(12명) : 2월 27일, 마스크 미착용, 단체 식사

- 서울 동○교회(28명) : 3월 4일, 마스크 미착용, 수련회에서 밀접 접촉

- 부천 생○○교회(25명) : 3월 10일, 마스크 미착용

- 성남 은혜의강교회(72명) : 3월 16일, 마스크 미착용, 소금물을 입안에 분무하는 비상식적인 행동을 함(기사에 의하면 이단성 시비가 있는 교회라고 함)[2]

- 서울 만민중앙교회(41명) : 3월 28일, 마스크 미착용(이단 사이비)[3]

- 충남 규암○○교회(7명) : 4월 2일, 마스크 미착용

- 구미 엘○교회(10명) : 5월 20일, 마스크 미착용

- 원어성경연구회(14명) : 5월 20일, 마스크 미착용

- 서울 동○교회(11명) : 5월 21일, 마스크 미착용

- 남양주 화도○○교회(7명) : 5월 22일, 좁은 공간에서 밀접 접촉, 전체 신도 7명인 교회

- 한국대학생선교회(14명) : 5월 28일, 마스크 미착용

---

1. 국민일보 2020년 3월 1일자 기사 "거창지역 코로나 확진 대한예수교침례회는 '이단'"
2. 국민일보 2020년 3월 23일자 기사 "'코로나와 개신교예배' 팩트체크 해보니…"
3. 국민일보 2020년 3월 28일자 기사 "12명 감염자 나온 만민중앙성결교회도 이단이었다"

- 수원 동○교회(9명) : 5월 29일, 원인 미발표

- 안양/군포 목회자 모임(23명) : 5월 30일, 마스크 미착용

- 인천/경기 개척교회 모임(119명) : 5월 31일, 마스크 미착용, 토론 활동

- 인천 예수말○○○교회(9명) : 6월 1일, 방문판매업체 '리치웨이'에서 감염됨

- 용인 큰○○교회(14명) : 6월 4일, 방역 미흡(개척교회)

- 서울 예수비○○○교회(9명) : 6월 9일, 방문판매업체 '리치웨이'에서 감염됨, 교인 단합 대회에서 단체 식사

- 대전 꿈○○교회(7명) : 6월 16일, 원인 미발표

- 서울 왕○교회(39명) : 6월 23일, 성가대 연습, 수련회에서 단체 식사 등으로 밀접 접촉

- 안양 주○○교회(26명) : 6월 26일, 단체 식사

- 광주 광주○○교회(17명) : 7월 2일, 마스크 미착용

- 광주 일곡○○교회(20명) : 7월 4일, 마스크 미착용, 단체 식사

- 서울 송파○○교회(22명) : 7월 20일, 마스크 미착용, 성가대 연습, 단체 식사

- 고양 반○교회(38명) : 8월 5일, 단체 식사

- 고양 기쁨○○○교회(27명) : 8월 5일, 단체 식사

- 김포 주님○○교회(18명) : 8월 8일, 단체 식사

- 용인 우리○○교회(221명) : 8월 11일, 성가대 마스크 미착용,

단체 식사

- 서울 사랑○○교회(1,163명) : 8월 12일, 소모임, 단체 식사, 철
  거반대 투쟁, 정치 투쟁 등으로 밀접 접촉
- 서울 되○○교회(14명) : 8월 12일, 마스크 미착용, 좁은 실내
  에서 밀접 접촉
- 서울 안○○교회(22명) : 8월 14일, 수련회에서 밀접 접촉
- 서울 여의도○○○교회(56명) : 8월 15일, 성가대 마스크 미착
  용, 성가대 안에서 주로 확진자 발생
- 가평 청평○○교회(14명) : 8월 16일, 성가대 마스크 미착용,
  11일 동안 10번 모여서 찬양 연습
- 가평 북○교회(10명) : 8월 18일, 정치 집회 참여
- 포천 연곡○○교회(7명) : 8월 18일, 정치 집회 참여
- 고양 은○교회(7명) : 8월 19일, 정치 집회 참여
- 서울 순복음○○교회(18명) : 8월 19일, 원인 미발표
- 인천 열매○○교회(21명) : 8월 19일, 마스크 미착용, 소모임,
  기도회, 수련회에서 밀접 접촉
- 천안 동○교회(15명) : 8월 19일, 원인 미발표
- 시흥 한○○교회(9명) : 8월 20일, 정치 집회 참여
- 인천 갈○○교회(46명) : 8월 21일, 마스크 미착용, 수련회에
  서 밀접 접촉
- 서울 빛○○교회(45명) : 8월 22일, 원인 미발표

- 인천 주○○교회(40명) : 8월 22일, 마스크 미착용
- 광주 성림○○교회(67명) : 8월 24일, 단체 식사, 성가대가 마스크 미착용 상태로 지하에서 연습, 확진자 상당수가 성가대원(32명)
- 인천 계양구 기도모임(21명) : 8월 25일, 통성 기도, 밀접 접촉
- 대전 순복음대○○○교회(20명) : 8월 25일, 인천 계양구 기도모임에서 감염됨
- 평택 서○○교회(35명) : 8월 27일, 인천 계양구 기도모임에서 감염됨
- 서울 권○교회(42명) : 8월 27일, 원인 미발표
- 대구 대구사○○교회(55명) : 8월 28일, 서울에서 열린 정치 집회 참여

감염 원인 정리

50개 사례 대부분의 경우에 마스크를 착용하지 않은 밀접 접촉이 있었다. 여러 모임(수련회, 성가대 연습, 예배 모임, 성경공부 모임, 통성 기도 모임, 단체 식사, 교회 건물 철거 반대 투쟁, 정치 집회 참여 등)에서 마스크를 착용하지 않은 접촉이 있었던 것이 감염 사유로 포착된다. 또한 이 사례들 안에는 몇몇 이단 교회가 포함되어 있다. 이들 이단 교회는 특성상 강력한 회중 발성을 수반하는 모임을 갖는 것으로 파악

된다.

몇몇 사례는 방역당국의 발표나 언론 기사에 그 감염 원인이 적시되지 않았다. 수원 동○교회, 대전 꿈○○교회, 서울 순복음○○교회, 천안 동○교회, 서울 빛○○교회, 서울 권○교회 등 6개 사례가 그러하다. 확진자 수는 각각 9명, 7명, 18명, 15명, 45명, 42명이다.

결론적으로 수련회든 성가대든 단체 식사든 예배 모임이든 마스크를 착용하지 않은 밀접 접촉이 있었을 것으로 강력하게 추정되는 케이스가 44건, 2,499명이고, 원인 미발표 케이스가 6건, 136명이다.

확진자 중 실질 점유율

국내 코로나 바이러스의 전체 누적 확진자 수는 22,391명이다 (2020년 9월 15일 기준). 그리고 앞에서 제시한 2020년 9월 15일 기준 교회 관련 집단 감염의 확진자 수는 총 2,635명으로 확인된다. 기독교에서 이단으로 판정한 두 곳(거창교회, 만민중앙교회)과 이단성 시비가 있는 교회(은혜의강교회)를 제외하면 2,512명이다. 이것은 전체 확진자 중 점유율 11.22%에 해당한다.

그런데 교회 집단 감염은 특수성이 있다. 예를 들어, 어떤 확진자가 확진되기 전에 5개의 식당과 5개의 카페를 출입하고 5번 대중교통수단을 이용하고 5개의 빌딩을 출입했다고 하자. 그럴 경우,

그 확진자가 다녀간 모든 곳의 동시간대 이용자를 전부 추적하여 검사하지는 않는다. 실제로 이렇게 해서 그 확진자로 인한 감염자 중 무증상 또는 경증상인 사람들은 검사도 받지 않고 넘어갔을 것이다. 반면에 교회에서 확진자가 나오는 경우에는 교회 예배의 출석자 명단을 확보해서 샅샅이 조사한다. 따라서 교회 관련 감염자는 훨씬 더 높은 비율로 드러날 수밖에 없다. 그러므로 교회 관련 집단 감염의 실질 점유율은 드러난 표면 점유율 대비 상당 비율 할인하는 것이 합리적이다. 여기서 절반 정도로만 할인하여 교회 관련 집단 감염의 실질 점유율을 추정해보면 5.61% 정도 된다. 이것은 실제로 예배 모임 등 교회 종교 모임과 무관한 철거 반대 투쟁, 정치 투쟁 등으로 교인 간 밀접 접촉이 일어난 사랑제일교회까지 포함한 수치이다. 그럼에도 전체 확진자 대비 실질 점유율 5.61%에 불과하다. 이것이 교회를 코로나 전염의 주요 원인으로 규정할 수 있을 정도로 큰 수치인가? 결코 아닐 것이다. 참고로 전체 개신교 신도는 9백만 명을 넘어 인구 대비 17% 정도로 추산된다.[4]

나아가 정치 투쟁 및 교회 건물 철거 반대 투쟁을 위한 밀접 접촉 사례들(사랑제일교회 등)을 제외하면, 종교적 모임으로 인한 교회 관련 집단 감염의 감염자 수는 1,261명이다. 이것은 **표면 점유율 5.63%**, 할인된 **실질 점유율 2.82%**에 해당한다. 즉, 2020년 9월 15

---

4. 2017년 통계청 인구 총 조사.

일 기준 기독교 종교 모임만으로 인한 교회 집단 감염은 전체 확진
자 대비 실질 점유율이 2%대에 불과할 수 있으며 그보다 더 작을 수
도 있다.

정부와 언론의 태도

정부는 5%대 이하의 실질 점유율을 갖는 교회 관련 집단 감염
을 코로나 확산의 주요 원인으로 지목하면서 교회 셧다웃을 명령
하였다. 언론은 50여 개 감염 사례들이 하나씩 포착될 때마다 하
나의 사례를 여러 날에 걸쳐 집중 보도하였다. 따라서 TV와 신문
에서 연일 교회발 집단 감염 뉴스가 다루어졌고, 언론을 통해 사
안을 접하는 국민들은 교회를 코로나 확산의 주범으로 인식하게
되었다.

2부
정부 규제 조치 실태

제일 먼저 이재명 경기도지사가 2020년 3월 7일에 자신의 SNS를
통해 '종교집회 전면금지 긴급명령'을 검토하겠다는 입장을 밝히
면서 국민들의 의견을 구했다. 그의 SNS를 팔로우하는 사람들은
종교집회에 대해 부정적인 의견들을 쏟아 내었고, 이재명 지사의
행동은 기독교계 반발로 이어졌다. 그 입장은 사실상 철회되었지

만, 이를 계기로 여론과 언론은 코로나19 상황에서의 기독교 예배 모임에 대하여 부정적인 시각을 갖기 시작했다.[5] 당월 11일, 이재명 지사와 경기도기독교총연합회 관계자들은 간담회를 갖고, 교회에서 예배를 드릴 경우 5가지 감염예방수칙을 지키기로 했다. 그 방역지침에는 예배 전 발열체크, 예배시 성도 간 무려 2m의 간격 유지, 마스크 착용, 손 소독제 비치, 예배 전후 교회 소독이다.[6] 무려 2m의 간격을 유지하라는 것은 교회 예배 모임을 실질적으로 폐쇄하라는 것과 별반 다르지 않은 엄청난 제약요인임은 두말할 필요가 없을 것이다. 당월 15일, 경기도는 주일 예배 모임을 시행한 2,635개의 교회에 대한 현장 조사를 벌였다. 당월 17일, 경기도는 앞서 언급한 감염예방수칙을 이행하지 않은 137개 교회에 대해 밀집집회 제한명령을 내렸다. 즉, 137개 교회는 밀집해서 드리는 예배가 제한되고, 확진자가 발생하는 경우 방역과 치료 비용에 대한 구상권이 청구된다는 발표가 있었다.[7]

정세균 국무총리는 2020년 3월 21일에 '사회적 거리두기 강화를 위한 담화문'을 발표했다. 그 내용 가운데 "집단 감염 위험이 높은 종교시설과 실내 체육시설, 유흥시설은 앞으로 보름 동안 운

---

5. 국민일보 2020년 3월 7일자 기사 "이재명 '종교집회 전면금지 검토하겠다'… 가정예배 전환 호소"

6. 경기매일 2020년 3월 11일자 기사 "이재명 지사 '교회 예배 조건부 허용'"

7. 연합뉴스 2020년 3월 17일자 기사 "경기도, 방역지침 위반 교회 137곳 '밀집집회제한' 행정명령"

영을 중단해 줄 것을 강력히 권고한다…불가피하게 운영할 경우에는 시설업종별 준수사항을 철저히 지켜야 한다"고 강조했다. 정부는 8가지 예방 준수사항을 담은 집단 감염 위험시설 운영 제한 행정명령을 발표했고, 그 기간을 4월 19일까지로 설정하였는데, 교회 등 종교시설에게 요구한 사항은 참석자 간 최소 1-2m 이상의 거리두기를 포함하였다. 이는 공간적 여유가 크지 않은 대부분의 교회에 있어 현장 예배에 엄청난 장애를 초래하는 규제 요소이다. 정 총리는 "준수사항을 지키지 않을 경우 직접 행정명령을 발동해 집회와 집합을 금지하겠다"고 하면서 "행정명령을 따르지 않는 경우에는 시설폐쇄는 물론 구상권 청구 등 법이 정한 가능한 모든 조치들을 적극적으로 취해 나갈 것"이라고 경고했다.[8]

총리 담화문 발표 다음 날인 2020년 3월 22일, 성남시는 권역 안의 863개 교회(수정구 325, 중원구 279, 분당구 259개소)를 점검했다고 밝혔다. 점검 후, 성남시는 온라인 예배를 드리지 않고 현장 예배를 고수하는 244곳에 4월 5일까지 운영을 제한적으로 허용함을 통보했고, 불가피하게 운영할 경우 방역당국이 정한 준수사항을 지켜야 운영이 가능함을 통보했다.[9]

---

8. 크리스천투데이 2020년 3월 21일자 기사 "정 총리 '종교·실내·유흥시설 보름간 중단 강력 권고'"

9. 크리스천투데이 2020년 3월 22일자 기사 "성남시, 863개 교회 현장 점검… 출입구에 호소문도 부착"

인천시는 2020년 6월 1일, 개척교회발 감염 발생이 있자, 관내 전체 종교시설에 2주간 집합제한명령을 내렸다. 인천시와 각 군·구는 종교시설에 방역수칙과 위반 시 벌칙 등을 안내하고, 현장 점검을 통해 적발되면 고발하고, 확진자가 발생하면 손해배상을 청구하겠다고 덧붙였다.[10]

광주광역시는 2020년 7월 5일, 모든 학원과 종교시설, 밀집도가 높은 지하 다중이용시설을 고위험시설로 추가 지정함에 따라, 지역 내 교회들의 예배에도 제한을 두었다. 교회는 참석 인원이 50명을 넘어서게 되면 예배를 진행할 수 없고, 실외 예배나 모임도 100명을 넘길 수 없다며, 고위험시설에 대해선 현장 방역수칙 이행 여부를 수시로 관리감독하고 이를 어길 시 강력한 처벌이 뒤따른다고 발표했다.[11]

2020년 7월 8일, 정세균 국무총리가 10일 오후 6시부터 "전국 교회를 대상으로 핵심 방역수칙을 의무화한다"고 말했다. 즉, 교회의 정규예배 외 일체의 모임과 행사, 식사 제공 등을 금지하고 출입명부 관리를 의무화한 것이다. 정총리는 이를 어길 경우, 해당 교회에 벌금이 부과되고 집합금지 행정명령이 내려진다고 덧

---

10. 연합뉴스TV 2020년 6월 2일자 기사 "인천 개척교회발 34명 확진…종교시설 집합제한"

11. 크리스천투데이 2020년 7월 6일자 기사 "광주시, 50명 이상 집합 금지… 종교시설도 '고위험시설'로"

붙였다.[12] 이러한 총리 지시로 인해 비교인 간 식사와 모임은 가능하나 교인 간 식사와 모임은 불가능한 어처구니없는 상황이 벌어졌다.

구리시는 2020년 7월 13일에 '국민의 안전 신고제'라는 말로 공고문을 내렸는데, 종교시설에서 코로나19 방역수칙을 준수하지 않는 곳에 대해 시민이 신고하면 포상금을 지급하겠다는 내용이었다.[13] 구리시 외에도 순천, 울산 등 다른 지자체에서도 앞다투듯 포상제도, 신고제도 도입을 발표했다.[14] 95%의 감염이 발생하는 일반 접촉은 놔두고 5% 미만의 감염이 발생한 종교시설을 타겟으로 신고 포상금제를 도입하는 어처구니없는 일이 벌어진 것이다.

고양시는 2020년 8월 5일 주교동과 풍동 지역의 교회에서 최초 감염이 발생한 후 9일부터 모든 종교시설에 집합제한명령을 내렸고 종교시설 내 소모임 등을 금지하였다. 또한, 정부가 집합제한명령을 발동한 이후에도 현장 예배를 강행한 교회에 집합금지명령을 내리고 그곳에서 확진자가 발생하면 고발하고 구상권을 행사하겠다고 발표했다.[15]

---

12. 국민일보 2020년 7월 8일자 기사 "정총리 '전국 교회 핵심 방역수칙 의무화'…위반시 벌금"
13. 크리스천투데이 2020년 7월 14일자 기사 "구리시, '교회 모임 신고 시 포상금' 논란…'북한이냐?'"
14. 크리스천투데이 2020년 7월 18일자 기사 "목선협 '정부, 교회 탄압 즉각 중단하라'"
15. 연합뉴스 2020년 8월 23일자 기사 "고양시 '대면 예배' 강행 교회에 집합금지 명령"

이재명 경기도지사는 2020년 8월 14일, 경기도 내 모든 종교시설에 대해 2주간 집합제한명령을 내렸다. 따라서, 경기도에서는 2주 동안 정규예배를 제외한 각종 대면 종교모임 및 행사가 금지되었다. 또한, 정규예배 외에 노래를 부르거나 말하는 행위, 음식 제공, 단체 식사 등을 금지하였다. 이 지사는 "집합제한 행정명령을 위반하여 종교모임에서 확진자가 발생하는 경우 이에 대한 검사 · 조사 · 치료 등 방역비용이 구상청구될 수 있다"며 이것은 "종교의 자유 침해가 아닌 감염병으로부터 도민의 생명과 안전을 보호하기 위한 불가피한 조치"라고 말했다.[16]

서울시는 2020년 8월 15일부터 30일까지 2주간 모든 종교시설을 대상으로 집합제한 행정명령을 내렸다.[17] 구체적으로, 정규예배 외 종교시설 주관의 각종 대면 모임 및 행사, 음식 제공, 단체 식사 등을 금지하였다. 찬송은 자제, 통성기도는 금지시켰다.

2020년 8월 18일, 집단 감염이 연쇄적으로 이어지면서 정세균 국무총리는 사회적 거리두기를 강화하는 발표를 했고, 8월 19일 0시를 기해 "수도권 소재 교회에 대해서는 비대면 예배만 허용하고, 그 외의 모임과 활동은 금지된다"고 밝혔다.[18] 정부는 정규

---

16. 크리스천투데이 2020년 8월 14일자 기사 "이재명 도지사, 모든 종교시설 2주간 '집합제한' 명령"
17. 크리스천투데이 2020년 8월 14일자 기사 "서울시, 2주간 모든 종교시설 집합 제한 행정명령"
18. 한겨레 2020년 8월 18일자 기사 "19일 자정부터 수도권 교회 · 고위험시설 '셧다운'"

예배까지 전면 비대면 전환을 결정한 것인데, 이때 온라인 예배를 준비하는 필수 인력 20명만 현장에 있을 수 있게 허용하였다.

광명시는 정부가 2020년 8월 19일부터 시행한 대면 예배 금지 명령에 따른 후속조치로, 대면 예배를 강행한 교회 19곳에 대해 집합금지 행정명령을 내렸다.[19]

부산은 2020년 8월 21일, 사회적 거리두기 2단계 조치 중 하나로 교회들의 대면 예배를 전면 금지해 왔는데, 집합금지 행정명령을 어기고 대면 예배를 이어간 교회 8곳을 고발하였다.[20]

파주시는 2020년 8월 21일, 운정참존교회에 대해 교회 폐쇄 행정명령을 내렸다. 이 같은 조치가 내려진 데는 파주의 한 인터넷 카페 회원들이 이 교회를 신고한 것이 원인이었다.[21]

광명시는 2020년 8월 23일에 이어 30일에도 교회를 대상으로 비대면 예배 준수 여부를 점검하고, 현장 예배 및 모임을 강행한 교회 2곳에 2주간 집합금지 행정명령을 내렸다.[22]

경상남도는 2020년 8월 23일, 경남의 모든 교회에 비대면 예배를 권고하는 행정명령을 내렸다. 그러나 경남의 교계 지도자들이

---

19. 파이낸셜뉴스 2020년 8월 24일자 기사 "광명시 대면예배 교회19곳 집합금지명령 발동"

20. 한국경제 2020년 8월 30일자 기사 "'코로나? 대면예배 강행' 부산 8개 교회 고발 조치"

21. 크리스천투데이 2020년 8월 22일자 기사 "파주 운정참존교회, 일부 주민 신고로 폐쇄돼 충격"

22. 서울신문 2020년 9월 2일자 기사 "광명시, 코로나19 행정명령 어긴 자택이탈 확진자 경찰 고발 조치"

김경수 도지사 등과 적극적인 대화를 가지면서 경상남도 기독교계와 당국이 합의를 도출했다. 즉, 당국과 교회는 참석자 발열 체크, 마스크 착용, 단체 식사 금지 등 7대 방역수칙을 준수하고 사회적 거리두기를 철저히 하면서 예배를 드리는 데 합의하였다.[23]

기독교계는 정부에 비대면 예배 조치 해제를 강력하게 요청해 왔고, 이에 중앙사고수습본부는 2020년 9월 18일, 300석 이상의 예배실을 보유한 수도권 지역 교회들에 대해 예배 인원 참석을 20명에서 50명으로 확대한다고 발표했다.[24]

이후에, 중앙사고수습본부는 2020년 9월 27일부터 수도권 교회에서 실질적인 소규모 예배가 가능하도록 예배 참석 자격 제한을 해제하였다. 그러나 비대면 원칙과 참여 가능 인원수는 종전과 같이 50명으로 유지하였다.[25]

송파구는 2020년 10월 4일에 집합금지명령에도 불구하고 현장 예배를 강행한 마천동 소재 한 교회를 집합금지명령 위반으로 고발했다.[26]

---

23. 크리스천투데이 2020년 8월 27일자 기사 "'경남의 대반전'…당국과 '방역수칙 준수하며 예배' 합의"

24. 크리스천투데이 2020년 9월 18일자 기사 "'300석 이상 예배당엔 50명까지'… 교계-정부, 제재 완화 협의"

25. 크리스천투데이 2020년 9월 26일자 기사 "27일부터 예배 참석 자격 제한 해제… 비대면 원칙은 여전"

26. TV조선 2020년 10월 8일자 기사 "송파구, 집합금지명령 위반 교회 고발…'확진자 발생 시 구상권 청구'"

중앙재난안전대책본부에서는 2020년 10월 11일, 사회적 거리두기 조정 방안을 발표하면서 수도권 교회들의 예배당 좌석 수 30% 이내 현장 예배를 허용했다. 그러나 모임이나 식사는 계속 금지된다고 했으며, 이와 함께 과태료 부과 및 구상권 청구 등을 강화하였다.[27]

‖ 점검 및 적용 ‖

- 교회 관련 집단 감염은 표면 점유율이 어느 정도 되는가?
- 교회 관련 집단 감염의 실질 점유율이 표면 점유율보다 낮은 이유는 무엇인가?
- 순수한 종교 모임과 관련된 교회 관련 집단 감염의 실질 점유율은 어느 정도인가?
- 전체 교회수를 6만 개 교회로 잡았을 때 5명이 넘는 집단 감염이 발생한 교회의 수는 몇 %에 해당하는가?
- 전체 개신교 교인의 비율이 총인구 대비 17%대인 것을 감안하면, 2020년 9월 15일 기준 전체 누적 확진자 수 22,391명 중에 개신교 신자의 수는 몇 명 정도가 있어야 인구 비례에 맞는 수치인가?

---

27. 크리스천투데이 2020년 10월 11일자 기사 "수도권 교회, 좌석 수 30% 이내 대면 예배 허용돼"

2장
코로나19 관련 의학적 팩트들
이명진

코로나19의 감염 경로

코로나19의 감염은 크게 두 가지 경로로 전파된다. 하나는 감염된 사람의 **침을 통해 전파**되는 경우이고, 다른 하나는 코로나19 바이러스에 오염된 물체(감염자의 손, 손잡이, 공용물 등)와의 **물리적 접촉**(악수 등)으로 전파되는 경우이다.

보통 기침이나 재채기를 할 때, 비말의 도달 거리는 1.8미터^{6feet} 정도 되기에 이를 사회적 거리두기의 기준으로 삼고 있다. 감염자에게서 배출된 침이 입이나 코로 들어가면 감염을 일으킬 수 있기 때문이다.

코로나19의 치사율

코로나19의 치사율은 나라마다 차이가 있다. 우리나라의 통계를 살펴보면, 2020년 9월 19일 기준, 코로나19 확진자 수는 22,893명으로, 완치 19,970명, 사망 378명이다(2,545명 격리 중). 그중 남성이 10,468명(45.73%), 여성이 12,425명(54.27%)으로서 여성 확진자가 약간 많고, 사망자는 남성 199명, 여성 179명이다. **치사율은 1.65%**이다(남성 치사율은 1.90%, 여성 치사율은 1.44%). 사망자 378명의 연령별 분포를 보면, 80세 이상이 195명(사망자 중 점유율 51.59%)으로 80대에서 20.99%의 치사율을 보이고 있고, 70대는 118명(사망자 중 점유율 31.22%)으로 70대에서 치사율 6.53%를 보이고 있다. 즉 고령에서 사망률이 높다는 것을 알 수 있다. 60대 사망자는 42명(사망자 중 점유율 11.11%)으로 치사율은 1.16%이다. 60대부터는 전체 치사율보다 낮은 치사율을 보인다. 50대 사망자는 17명(사망자 중 점유율 4.50%)으로 50대 치사율이 0.40%이고, 40대는 4명 사망, 30대는 2명 사망이었다. 50대 이하에서는 치사율 1% 미만을 기록하고 있다.

확진자 성별 현황(2020년 9월 19일 0시 기준)

구분	확진자(%)	사망자(%)	치사율(%)
남성	10,468(45.73)	199(52.65)	1.90
여성	12,425(54.27)	179(47.35)	1.44

*치사율 = 사망자수/확진자수×100

확진자 연령별 현황(2020년 9월 19일 0시 기준)

구분	확진자(%)	사망자(%)	치사율(%)
80세 이상	929(4.06)	195(51.59)	20.99
70-79세	1,807(7.89)	118(31.22)	6.53
60-69세	3,608(15.76)	42(11.11)	1.16
50-59세	4,239(18.52)	17(4.50)	0.40
40-49세	3,053(13.34)	4(1.06)	0.13
30-39세	2,792(12.2)	2(0.53)	0.07
20-29세	4,653(20.32)	0(0.00)	-
10-19세	1,264(5.52)	0(0.00)	-
0-9세	548(2.39)	0(0.00)	-

그런데 이상의 수치는 "확진자 치사율^{Case fatality rate}"이다. 이것은 실제 병에 걸린 사람 중에 죽은 사람의 비율을 의미하는 "**감염자 치사율**^{Infection fatality rate}"과는 다른 수치이다. 코로나19는 무증상이나 경미한 증상 가운데 확진 없이 지나가는 감염자의 비율이 상당히 높을 것으로 추정하는 연구 결과가 발표되고 있다. 따라서 감염자 치사율은 확진자 치사율보다 꽤 낮을 것이다. 감염자 치사율이 질병의 치명도를 나타내는 데 더 의미 있는 수치이다.

이렇게 볼 때, 우리나라의 경우 코로나19는 60대부터 그 이하의 연령대에서는 **감염자 치사율**이 1% 미만이며, 특히 40대와 그 이하 연령대에서는 **감염자 치사율**이 0.1% 미만이다(확진자 치사율 아닌 감염자 치사율을 말하고 있음—편집주).

WHO에서도 코로나19의 감염자 치사율을 0.5-1.0%라고 발표하였다. 이것은 신종플루의 감염자 치사율 0.1-1.0%와 별반 차이가 없는 수치이다.

의사들이 임상적으로 경험하는 코로나19의 위중도

코로나19에 맞서 최전선에서 싸우고 있는 의사들의 증언을 들어보자. 감염병 관련 권위자인 오명돈 교수(신종감염병 중앙임상위원회 위원장)가 2020년 9월에 〈시사IN〉과 인터뷰한 내용에는, 임상의들이 경험하는 코로나19의 위중도가 잘 나와 있다. 오명돈 교수는 말한다. "젊은 환자들, 50대 이하는 별문제 없이 치료 잘 되고, 별일 없이 퇴원해요. 아이들은 감기보다도 더 가볍다고 얘기할 정도로 문제없어요…우리 병원 소아과 전문가가 그래요. 다른 팬데믹, 신종플루 때도 환자들을 많이 봤는데, 소아는 신종플루 때보다도 덜 아파한다고 얘기해요. 다만 70-80대 환자는 고생하죠. 하지만 병원에 환자가 넘치지 않고 차분하게 잘 치료하면 거의 잘 퇴원해요. 연령이 높으면 인공호흡기 걸어야 하는 환자, 중환자도 제법 있지만 그것도 마찬가지예요."[1]

전염병이 유행하면 온갖 유언비어가 난무한다. 직접 경험한 전문가들의 증언은 참고할 가치가 있다.

---

1. 시사IN 2020년 9월 29일자 기사 "지속 가능한 방역에 대한 어느 의사의 질문"

2차 전파율

어떤 감염자가 다른 사람을 감염시키는 2차 전파율은 바이러스의 성질, 배출되는 바이러스의 양 등에 따라 차이가 있다. 대개 증상이 심한 감염자일수록 몸속의 바이러스 농도가 높아서 다량의 바이러스를 배출한다. 따라서 2차 전파를 잘 일으킨다. 반면에, 증상이 경증이거나 무증상인 감염자는 전파율이 낮다.

그러면 코로나19 무증상자의 2차 전파율은 어느 정도일까? 정부 발표에 의하면, 무증상 확진자의 2차 전파율은 평균 0.8명 정도라고 한다(이것은 100명의 밀접 접촉자가 있을 때 그중 0.8명을 감염시킨다는 의미임).[2] 무증상자는 그 정도의 전염력을 갖고 있다고 보면 될 것이다.

한편 가족에 대한 2차 전파율은 어느 정도일까? 정부 발표에 따르면, 가족 간의 2차 전파율은 16.1% 정도 된다고 한다.[3] 즉, 100명의 가족이 있다고 가정하면, 약 16명이 감염된다는 것이다. 고령자의 가족이 스스로 감염되지 않게 조심해야 할 이유가 여기에 있다.

그러면 2차 전파율에 영향을 미치는 요소로는 무엇이 있을까?

---

2. 중앙일보 2020년 6월 9일자 기사 "코로나 무증상자도 0.8명 감염시킨다···전파력 안심 안 돼"

3. KBS NEWS 2020년 6월 10일자 기사 "'뉴노멀' 강요하는 코로나 바이러스···'가족 간에도 거리 두기 필요'"

의학 학술지 랜싯The Lancet에 실린 "코로나19 감염 예방을 위한 물리적 거리두기, 마스크, 눈 보호대"라는 논문에서 연구자들은 172개 문헌 중 44개를 메타 분석했다(누적된 연구 자료를 종합적으로 비교·분석하는 것을 말함).[4]

그 결과 의료시설이나 지역사회에서 물리적 거리를 1m 유지할 때 코로나19 감염 위험은 82% 감소하는 것으로 나타났다. 1m씩 간격이 늘어날 때마다 감염 차단 효과는 2배 이상 증가했다(연구 범위 최대 3m). 한편 마스크를 착용한 경우에도 감염 기회는 적어졌다. 감염 가능성이 매우 높은 의료 환경에서 마스크 착용시 감염 위험을 85%까지 줄일 수 있었다는 연구 결과가 확인됐다. 이는 의료진들이 의료 환경에서 N95(KF94 수준) 마스크를 사용하기 때문으로 분석됐다.

마스크 착용과 감염자의 위중도 간의 관계

같은 코로나19 감염자라고 하더라도 중증으로 병을 앓을 수도 있고 경증일 수도 있고 무증상일 수도 있다. 이때 연령대 외에 차이를 가져오는 중요한 요소 중 하나가 마스크 착용이다. 연구 결과

---

4. The Lancet, "Physical distancing, face masks, and eye protection to prevent person-to-person transmission of SARS-CoV-2 and COVID-19", Derek K Chu, Prof Elie A Akl, Stephanie Duda, Karla Solo, Sally Yaacoub, Prof Holger J Schünemann, Vol. 395, Issue 10242, 1973-1987p, June 27, 2020.

에 따르면, 마스크 착용은 감염을 방지하는 데에만 유용한 것이 아니라 초기에 유입되는 바이러스의 양을 달리함으로써 향후 예후에도 결정적인 영향을 미친다.[5]

  마스크 착용은 노출된 바이러스의 양을 줄임으로써 병을 앓더라도 가볍게 앓고 지나가게 하는 것이다. 이때 마스크가 마치 예방주사와 같은 기능을 한다고도 할 수 있다. 오명돈 교수는 말한다. "마스크를 쓰면 바이러스에 감염되더라도 가볍게 앓고 지나간다는 사실은 여러 학술적 자료가 뒷받침합니다. 예를 들면, 2월에 일본 다이아몬드 프린세스 유람선에서 감염자 중 무증상 환자는 20%였어요. 3월 호주(오스트레일리아)의 탐험선에서도 십난 감염이 발생했어요. 코로나19 상황을 아는 시점에 출발했기 때문에 태울 때 증상 체크하고 마스크도 썼지만 출발 8일 만에 감염이 발견됐어요. 그런데 감염자 중 81%가 무증상 환자였어요. 이 두 차이는 마스크라고 생각해요. 이 밖에도 여러 실험과 연구 등을 통해 마스크가 노출되는 바이러스 양을 줄이고, 바이러스가 적으면 가볍게 앓고, 가볍게 앓더라도 면역이 제대로 생긴다는 사실이 입증됐어요. 학술적으로 탄탄한 근거가 있습니다."[6]

---

5. The New England Journal of Medicine, "Facial Masking for Covid-19 — Potential for 'Variolation' as We Await a Vaccine", Monica GAandhi, M.D., M.P.H., George W. Rutherford, M.D, October 29, 2020.

6. 시사IN 2020년 9월 29일자 기사 "지속 가능한 방역에 대한 어느 의사의 질문"

비격리 감염자 수

사회 안에 격리되지 않은 감염자가 얼마나 많이 존재할까? 방역 당국에서 발표하는 자료는 확진자 수이지 전체 감염자 수가 아니다. 실제로 감염자인데도 검사를 받지 않고 격리되지 않고 지내는 사람들의 수는 정확히 파악되지 않는다. 그런데 코로나19는 무증상 내지 경증의 감염자 비율도 상당한 것으로 발표되고 있는 바, 감염자 중 검사를 받지 않고 지나가는 비율도 상당할 것이다. 추정컨대 비격리 감염자는 격리 중인 확진자 수의 절반 이상 세 배 이하의 범위 내에 있을 가능성이 높을 것으로 예상된다.[7]

예를 들어, 9월 28일 현재 격리 중인 확진자 수는 2,369명이므로 비격리 감염자 수는 그 절반 이상 3배 이하로서, 1,185명에서 7,107명 사이의 숫자로 예상된다(이중 일부는 추후에 검사를 받고 확진자가 될 것이다). 이것은 2020년 9월 28일 현재 시점에서 사회 안에 1,000

---

7. 동아사이언스 2020년 6월 16일자 기사 "방역당국 코로나19 환자 무증상 비율은 약 30%". 감염자 중 확진받아 격리된 감염자 대비 확진받지 않은 비격리 감염자의 비율은 무증상 또는 경증의 감염자 비율이 높을수록 높고, 감염자의 수검 비율이 낮을수록 높고, 감염 후 검사받을 때까지의 기간이 길수록 높음. 정확하게 조사된 연구결과는 없음. 다만 여기서 제시한 수치 범위는 확진자 중 무증상 비율이 30% 정도라는 방역당국의 발표. 여러 나라에서 미확진자를 대상으로 검사할 때 상당히 높은 비율로 항체 형성자가 검출된 사실, 무증상 감염자는 물론이고 경증인 감염자도 감기 정도로 치부하고 코로나19 검사를 안 받는 경우가 많을 것이라는 경험칙에 의한 사실, 확진자라도 감염되자마자 검사받을 수는 없으며 비격리 감염 상태의 기간이 어느 정도 존재한다는 사실 등을 감안하여 충분히 넓은 범위를 설정하여 예상한 범위이며 정밀한 수치적 연구결과에 의하여 뒷받침되는 수치는 아님.

명이 모이는 모임이 있을 때 그 안에 0.012명 내지 0.071명의 감염자가 존재한다는 의미이다(물론 증상이 있는 사람은 확진 전이라도 외부 활동이 줄어들게 마련이므로 실제로는 더 적을 것이다). 이 숫자는 어떤 모임의 위험성에 대해 판단할 때 매우 중요한 판단기준으로 작용한다.

‖ 점검 및 적용 ‖

- 우리나라의 코로나19 확진자 치사율은 40대, 50대, 60대, 70대, 80대에서 각각 어느 정도인가?
- 우리나라의 코로나19 감염자 치사율은 40대, 50대, 60대, 70대, 80대에서 어느 정도로 예상되는가?
- 우리나라의 코로나19의 전체 치사율은 어느 정도인가? 이것을 신종플루의 치사율과 비교하면 어떠한가?
- 정부 발표에 따르면, 무증상자의 2차 전파율은 어느 정도인가?
- 마스크 착용과 감염자의 위중도 간에는 어떤 관계가 있는가? 그 이유는 무엇인가?
- 이 책을 읽는 이 시점에 100명이 모이는 모임에는 비격리 감염자가 몇 명 정도 참석할 것으로 계산되는가?

3장
예배 모임의 안전성에 대한
의학적, 과학적 검토

이명진(with 김종진)

바이러스의 감염에 대한 과학적 분서 방법으로는 크게 두 가지가 있다. 하나는 바이러스의 전파를 미시적으로 관찰하고 분석하는 방법이고, 다른 하나는 역학 조사 데이터를 거시적, 통계적으로 분석하는 방법이다. 그런데 미시적으로 바이러스의 감염 경로를 추적하고 관찰하는 것은 쉬운 일이 아니다. 따라서 많은 경우 거시적, 통계적 분석법에 의존한다. 이 글을 쓰고 있는 현시점에서 코로나19 발발 이후 9개월 이상의 시간이 흘렀으며 국내외 데이터들이 점점 쌓이고 있다. 이러한 데이터들을 분석하면 예배 모임의 안전성에 대해 어렵지 않게 결론을 낼 수 있다. 다시 말해, 이것은 과학적으로 대단히 복잡하고 어려운 문제가 아니다. 데이터 분석으로 간단하게 결론을 낼 수 있는 문제이다.

위험요소

먼저 예배 모임의 위험요소는 무엇인지 객관적으로 살펴보자. 사람이 한 장소에 모이는 것만으로 위험한가? 사람이 밀집되어 있다고 바이러스가 전염될 것 같으면, 출퇴근 지하철만으로도 한국은 전 세계 최고의 코로나19 감염국이 되었을 것이다. 한 장소에 밀집해서 모인다는 사실 그 자체만으로는 위험하지 않다. 코로나19의 감염 경로는 침과 물리적인 접촉이다. 어떤 공간에 사람이 밀집하여 있어도 비말의 배출과 흡입, 또는 물리적인 접촉이 없다면 위험하지 않다.

그렇다면 예배 모임 특유의 위험요소는 무엇인가? 그것은 회중 찬양으로 대표되는 회중 발성이다. 이것이 어느 정도로 위험한지, 이것이 통제 불가능한 위험요소인지 아니면 마스크 착용으로 통제 가능한 제한된 위험요소인지는 역학적 데이터를 통해 알 수 있다.

예배 모임의 안전성

신약 개발시 다수의 환자를 모집하여 임상 시험을 하듯이, 동일한 방법론을 적용하여 예배 모임의 안전성 여부에 대한 과학적 결론을 도출할 수 있다. 이에 대하여 이미 충분한 데이터가 확보되어 있다. 즉, 코로나19 상황 속에서 예배 모임을 시행한 수많은 교회

들 안에서 어떠한 감염 결과가 나왔는지 데이터를 분석해보면 된다.[1]

교회 감염 실태 데이터를 조사해보면, 교회 관련 집단 감염은 전체 확진자 수 대비 5%대 또는 2%대 정도의 실질 점유율 밖에 되지 않는다(자세한 내용은 1장 참조—편집주). 이 정도 규모는 전체적인 사회적 감염 규모에 비추어 특별한 위험성이 인정되지 않는 수치이다.

나아가 대부분의 사례에서 마스크를 미착용한 접촉이 있었고 여섯 개 남짓의 사례는 구체적 감염 원인이 외부에 발표되지 않았다. 즉, 마스크를 착용하고 발열자를 배제한 예배 모임에서의 확진 사례는 없었거나, 있었더라도 6만 개 교회 중 한 손가락 안에 꼽을 소수의 사례밖에 없었던 것이다(1장 참조—편집주). 이러한 통계 결과는 과학적, 의학적으로 마스크를 쓰고 발열자를 배제하는 예배 모임이 매우 안전하다는 것을 강력하게 시사한다. 마스크를 착용하고 예배 모임을 가졌던 수많은 교회 중에 집단 감염이 거의 없었던 것은 통계적, 과학적으로 그 모임의 안전성이 증명된 것이다. 마스크를 착용하고 주 한두 시간의 예배 모임을 갖는 것은 전염 가능성이 대단히 낮게 통제됨을 알 수 있다.

---

1. 하나님은 얼마든지 기적적으로 당신의 백성들을 보호하실 수 있다. 따라서 과학이 절대적인 안전성 지표는 아니다. 하지만 일반적인 자연법칙을 따라 하나님이 역사하신다면 결과가 어떨지 합리적으로 예측하기 위해서 과학적 방법으로 살펴보는 것이다.

사회 안에서 용인되고 있는 접촉 대비
예배 모임의 상대적 안전성은 어떠한가

사회적으로 위험성을 전부 제거하는 것은 가능하지도 않고 바람직하지도 않다. 1년에 교통사고로 수천 명이 사망하지만 차량 운행을 금지하지 않는다. 수천 명의 생명을 경시해서가 아니다. 다른 편익을 위해서 수천 명의 인명 희생을 감수하고 차량 운행의 자유를 보장하는 것이다. 생명이나 신체의 보호는 매우 중요하지만 다른 이유 때문에 어느 정도의 위험성을 사회적으로 용인하는 것이다.

감염 관련 규제도 마찬가지이다. 위험성 제거만을 목적으로 한다면, 호흡기 감염병이 유행할 때 전 국민을 집안에 격리하면 되지만 국가는 결코 그런 식으로 대응하지 않는다. 독감철에 수천 명의 사망자가 발생하지만 전 국민을 집안에 격리하지 않는다. 다시 말해, 국가는 생명 보호라는 한 가지 사항만 고려하지 않으며, 경제적인 면, 국민의 삶의 편의성, 국민의 삶의 정상적 형성 상태, 국민의 자유, 국민의 정신적 스트레스 등 여러 요소를 종합적으로 고려하여 규제 시행 여부를 판단한다. 국가는 이러한 판단에 따라, 차량 운행을 금지하지 않으며, 흡연을 전면 금지하지 않으며, 코로나19 상황하에서 대중교통, 식당, 마트, 카페, 술집, 직장 등을 폐쇄하지 않는 것이다. 다시 말해, 사회 안에서 용인하는 위험 수준이라는 것은 엄연한 현실로 존재한다.

그러면 코로나19와 관련하여 우리나라가 사회 안에서 용인하는 위험 수준은 어느 정도이며 이들과 비교할 때 교회 안의 모임은 상대적으로 얼마나 안전한가?

- 대중교통 이용과의 비교

  대중교통의 밀집도는 거리두기를 하지 않은 교회 예배 모임의 밀집도보다 훨씬 높다. 밀집도가 높을 뿐 아니라 그 접촉의 시간도 주 한두 시간의 예배 모임과는 비교할 수 없이 장시간이다.

- 식당, 카페, 술집, 직장 등과의 비교

  식당, 카페, 술집 등은 마스크를 벗은 접촉을 피할 수 없으므로 위험도가 훨씬 높을 수밖에 없고, 직장에서의 접촉은 하루 8시간 이상의 장시간 접촉일 뿐 아니라 수많은 담화, 업무 관련 대화 등의 접촉을 포함한다. 식당, 카페, 술집 등에서는 하루에만 백만 명 이상이 마스크를 벗고, 함께 먹고 마시며 대화하는 접촉이 이루어진다. 이러한 접촉들을 통해 수많은 감염이 일어나고 있다. 이에 반해 마스크를 착용하고 일주일에 한두 시간을 함께 모이는 예배 모임은 위험도가 훨씬 낮으며 감염 사례도 거의 없다.

비격리 감염자 수와 모임의 위험성

2장에서 말했듯이 비격리 감염자 수는 어떤 모임의 위험성을 평가할 때 핵심 지표 중 하나이다. 한국은 격리된 확진자 수가 코로나19 발발 이후 2020년 11월에 이르기까지 대부분 1만 명 이하로 유지되었다.[2] 비격리 감염자 수는 격리된 확진자 수보다 적을 수도 있고 많을 수도 있으나 확진자 수를 바탕으로 그 규모를 가늠해볼 수 있다(자세한 내용은 2장 참조—편집주).

어떤 모임의 감염 위험성은 그 모임 안의 감염자의 수에 비례한다. 전체 비격리 감염자 수는 때에 따라 다르며 나라에 따라 다르다. 마스크 착용을 생활화한 우리나라는 미국이나 유럽에 비해 감염자 수가 훨씬 적다. 그로 인해 우리나라 안의 모임은 미국이나 유럽 사회 안의 모임에 비해 위험도가 훨씬 낮다. 이러한 이야기를 하는 것은 조심하지 말자는 취지가 아니다. 사회가 전염병에 대처할 때 초기 상태의 심리학적 공포 단계를 벗어나 객관적이고 냉철한 판단을 하려면 객관적 팩트와 수치에 익숙해져야 하기 때문이다.

---

2. 2020년 11월 3일 현재 격리 중인 확진자는 1,825명임.

독감 유행기와 코로나19의 위험성 비교

감염학 측면에서 어떤 모임의 사망 초래 위험성은 바이러스의 감염자 치사율(감염자 중 사망자 비율)이 높을수록 높고, 사회 안에 비격리 감염자가 많을수록 높고, 바이러스의 전염성(2차 전파율)이 높을수록 높다. 즉, 모임의 위험성은 감염자 치사율, 비격리 감염자 수, 전염성, 이 3가지 요소에 모두 비례한다. 따라서 이 3가지 요소를 중심으로 현시점의 코로나19 위험성과 독감 유행기의 독감 위험성을 비교해보자(이것은 비교를 위해 다른 요소들을 제외한 단순화한 모델임).

감염자 치사율. 2장에서 살펴본 바와 같이 2020년 9월 19일 기준 코로나19의 확진자 치사율은 1.65%였다. 무증상 감염자 비율에 대한 국내외 발표에 미루어볼 때 확진되지 않은 감염자도 상당히 많을 것으로 예상되며, 따라서 감염자 치사율은 1%에 못 미칠 것으로 예상된다. 일반 독감 치사율은 대략 0.1% 내외이므로 코로나19 치사율은 일반 독감 치사율의 **10배 정도** 된다고 볼 수 있다.[3][4]

---

3. JTBC 뉴스 2020년 9월 7일자 기사 "[팩트체크] 코로나19는 독감 수준? 공포는 과장된 것?", http://news.jtbc.joins.com/html/338/NB11968338.html

4. 건강보험심사평가원, "코로나19, 너무 크게 겁먹을 필요는 없습니다", https://post.naver.com/viewer/postView.nhn?volumeNo=29871264&memberNo=1891127&vType=VERTICAL

비격리 감염자 수. 독감 유행기에 많게는 연인원 수백만 명의 국민이 감염되는데, 사회 안에 비격리 감염자가 1만 명 내외 정도 존재한다면 코로나19의 국내 비격리 감염자 수는 독감 유행기의 독감 감염자 수의 100분의 1 정도로 추정된다.[5]

전염성. 모든 조건이 동일하다고 할 때 마스크 착용시 코로나19의 전염성과 마스크 미착용시 일반 독감의 전염성을 비교해보면, 전자가 후자보다 전염성이 현저하게 낮을 것으로 추정된다. 독감의 경우 대중교통, 기타 모임을 통해 단기간에 전국적 규모로 백만 명 이상이 감염되고 그중 수천 명이 사망한다. 이에 비해 마스크 착용 효과 등으로 인해 코로나19는 발발 후 9개월이 지나도록 누적 확진자 수가 수만 명대에 머무르고 있다. 마스크 착용시 코로나19의 전염성은 마스크를 착용하지 않은 상태의 통상적인 독감 유행기의 독감 바이러스 전염성에 비해 비교할 수 없을 정도로 낮은 것이다. 마스크 착용한 상태의 코로나19 전염성은 마스크 미착용 상태의 독감 바이러스 전염성의 10분의 1 이하로 추정된다.

---

5. 2020년 11월 3일자 현재 완치되지 않고 격리 중에 있는 확진자 수가 1,825명이므로 2020년 하반기 어느 시점의 코로나19 감염자 수는 독감 유행기의 독감 환자수 대비 100분의 1 이하임.

결론 : 세 가지 요소의 곱, (감염자 치사율)×(비격리 감염자 수)×(전염성)으로부터 추정한, 사회 안에 비격리 감염자 수 1만 명 내외인 시점의 마스크 착용 모임의 사망 초래 위험성은 과거 독감 유행기의 마스크 미착용 모임 대비 100분의 1 정도로 추정 된다(사회 안의 비격리 감염자 수가 증가하면 그에 비례해서 이 수치도 증가함). 과거 독감 유행기에 마스크 벗고 모였던 모임에 비해 훨씬 낮은 위험성 을 갖는다.

마스크를 착용한 예배 모임에서
거리두기가 필요한가

앞에서 살펴본 바와 같이, 비격리 감염자 1만 명 내외 상황에서의 마스크 착용한 예배 모임의 사망 초래 위험성은 독감 유행기 마스크 미착용 예배 모임의 위험성의 100분의 1 수준이다.

이 정도로 낮은 위험성에서는 거리두기가 의미 없다. 마스크를 착용한 상태에서 거리두기 없이 인접하여 예배드려도 과거 독감 철 마스크 벗은 채로 예배드리던 때보다 훨씬 안전하다. 과거 독 감철 예배 모임보다 훨씬 안전한 이 정도 위험성은 예배 모임의 가치를 감안하면 신자들이 반드시 감수해야 하는 위험이고, 사회 적으로도 충분히 용인가능한 위험이다.

의학적 입장에서 조언할 사항

코로나19 방역에 대하여

이 질병에 관한 팩트들이 점차 밝혀지고 있다. 이제는 심리적 공포에 좌지우지되는 초보적 대응방법에서 벗어나 수학적, 통계적, 과학적 대처방법으로 전환해야 한다. 이제 정부는 중증 환자 발생과 치료에 집중하는 방법으로 전환할 필요가 있다. 2020년 11월 7일 현재 위중환자는 53명이다. 이들을 담당할 감염병 전담병원은 871개의 병상이 있고 이중에서 위중증 환자를 담당하는 병상은 140여 개이다. 무증상 감염자는 자신이 모르는 사이 회복되고 있고, 50대 이하의 연령대에서는 가벼운 감기나 심한 경우 독감 증상을 호소하는 정도에서 회복되고 있다.

정부는 전문가들의 의견과 축적된 경험을 토대로 나이에 맞춘 맞춤형 대응 방법을 제시해야 한다. 특히, 매년 적용하고 있는 독감에 준하는 대처 방법을 적용했으면 한다. 20대 이하에서 사망자가 없고 중증 환자가 거의 없기에 학교 등교를 독감 유행 기준에 준해서 재개하는 방법을 고려해야 한다. 과도한 공포 분위기 조성은 바람직하지 않다.

예배 모임에 대하여

코로나19는 마스크를 착용하는 어떠한 모임도 중단할 성질의 질병이 아니다. 일단 치사율이 질병 발발 초기의 예상보다 매우 낮으며, 마스크가 일종의 백신 효과를 가져와서 확진자 중 중증 환자 비율과 치사율이 현저하게 하락한 상태이다. 또한 마스크 착용으로 감염율을 상당히 양호하게 통제할 수 있음이 드러나고 있다. 이것은 역학 조사에서 드러난 팩트이며 논문들 가운데 지지되고 있는 팩트이다. 이 질병은 국민들의 마스크 착용 습관으로 충분히 일정 범위 내에서 통제되고 관리될 수 있는 것이다.

또한 1만 명 내외의 감염자가 사회 안에 존재하는 상태에서 마스크 쓴 모임은 마스크 벗은 과거 독감철의 모임 대비 100배나 안전하다. 이러한 과학적 팩트를 숙지하고 예배 모임에 대한 결정이 이루어져야 한다.

의학적 견지에서 볼 때, 안전성이 입증된 현장 예배 모임을 폐할 이유가 없다. 또한 거리두기 없이 착석하여 예배드리는 것을 금할 아무런 이유가 없다. 마스크를 쓴 예배 모임에서 회중 발성이 문제가 되어서 집단 감염이 혹시 발생한다면(실제로는 그런 일은 현재까지 발생하지 않았지만), 그에 맞추어 회중 발성 요소를 조금 감소시키면 위험에 대처할 수 있다. 예배 모임을 폐할 아무런 의학적 이유가 없다.

교회에 대한 정부 정책에 대하여

정부는 방역 조치와 국민의 자유 보장의 조화를 추구해야 한다. 과거 독감철의 사망 초래 위험성보다 훨씬 덜 위험한 상태에서 국민의 자유를 지나치게 억압하는 것은 바람직하지 않다.

마스크 쓰고 발열자 배제한 교회에서 집단 감염이 발생한 경우는 6만 개 교회 중 전무하다시피 한다. 사실 여섯 개의 교회가 감염 원인이 미상일 뿐이다. 따라서 마스크 착용한 교회의 집단 감염은 한 교회도 없었을 수도 있다. 정부는 통계적으로 거의 완벽하게 안전성이 검증된 마스크 착용한 교회의 예배를 규제할 명분이 전혀 없다.

‖ 점검 및 적용 ‖

- 의학적 견지에서 볼 때, 교회 예배 모임은 위험한가 아니면 안전한가? 그 이유는 무엇인가?
- 국가가 마스크를 쓴 교회 예배 모임의 위험성에 대하여 입증한 것이 있는가?
- 과거 독감 유행기에 마스크를 미착용한 모임의 위험성 대비 코로나19 상황에서 마스크를 착용한 모임의 위험성은 상대적으로 어떠한가?
- 비격리 감염자 수가 어떤 모임의 위험성을 판단하는 데 중요한 지표가 되는 이유는 무엇인가?
- 방역당국에서 허용하고 있는 사회 안의 접촉으로는 어떠한 것들

이 있는가? 그러한 접촉이 더 위험한가 아니면 교회 안의 접촉이 더 위험한가?

- 과거 마스크 벗은 독감 유행기의 종교적 모임 대비 위험성이 현저히 낮은 마스크 착용한 종교적 모임을 금지 또는 제한하는 정부의 명령은 정당한가?

4장
교회 셧다운의 위헌성 검토

명재진

코로나 사태와 예배에 대한 정부의 조치

올해 초 시작된 코로나 사태로 모든 국민 생활이 셧다운되고, 경제 활동이 위축되고, 비정규직 직원들이 대량 해고되고 있다. 교육 현장도 제 기능을 하지 못하고 온라인 교육으로 어려움을 겪고 있다. 대학에서는 제대로 된 실습을 하지 못하고 있고 학생들의 등록금 환불 요구 등으로 대학들의 재정적 어려움이 예상된다. 코로나 사태로 인한 어려움은 여러 방면에 걸쳐 나타나고 있지만, 종교생활에 주는 영향도 적지 않다. 교회의 예배는 온라인 예배로 대체되고, 활발해야 할 교회 내 부서들의 활동도 방해를 받고 있다. 주일학교 및 청소년 교육이 어렵고, 성가대 연습도 불가능한 상태이다.

이러한 어려운 종교생활에 있어 더 큰 문제는 정부의 강경한 예배 제한 조치이다. 신천지 집단의 방역 거부 및 허위 신고 등의 문제로 시작된 정부의 종교 영역에 대한 제재는 그동안 겪어 보지 못한 것으로서, 자유 대한민국에서 그야말로 반법치적 행정이 보편화되고 있는 현실이다. 교회에 대해 경고하고, 마치 교회가 코로나 사태의 발생지인 것처럼 강한 조치들을 내리고 있다. 비상시라는 이유로 기본권 존중의 행정 행위가 사라지고, 인권 침해의 부작용이 일상화되는 안타까운 모습들이 발생하고 있다.

정부의 이러한 태도는 '감염병 예방 및 관리에 관한 법률'(이하, 감염병예방법)상의 제재명령에 기반한 것이다. 동법 제49조 제1항에 의하면, 공권력은 감염병 예방 조치의 일환으로 "흥행, 집회, 제례 또는 그 밖의 여러 사람의 집합을 제한하거나 금지하는" 조치를 하도록 명령하고 있다(제2호). 이를 위반한 경우 300만원 이하의 벌금에 처한다(법 제80조).

지방자치단체장들이 교회의 코로나19 감염병 발생에 대해 집합금지라는 극단적인 조치를 내려 교회의 예배를 막았으나, 그러한 조치들이 각 지역에 동일하게 내려지지 않았다. 비슷한 사례에 있어서 어느 지방자치단체장은 경고명령, 다른 지방자차단체장은 집합제한명령, 또 다른 지방자치단체장은 집합금지명령을 내리는 등 일관성이 없었다.

헌법상의 종교의 자유

인간은 육체 · 심령 · 정신의 총합체로서 영적 존재이다. 따라서 영적 평안과 행복 없이 인간은 자유로울 수 없고, 행복할 수도 존엄할 수도 없다. 그렇기 때문에 우리 헌법은 "모든 국민은 종교의 자유를 가진다."고 규정하여 종교의 자유를 보장하고 있다(제20조). 종교란 초월적 존재(인간의 상념 · 영적 세계에서만 존재할 수 있는 신이나 절대자 등)를 믿고 그것에 귀의하는 것을 말한다.[1]

　종교의 자유는 미국의 독립 과정에서 1791년 미국 헌법에 수용되어, 종교 행사, 단체 결성, 종교 교육이 자유롭게 허용되었다. 근대 시민사회에 들어서서 국가의 최고 규범인 헌법에 의하여 종교의 자유가 보장된 후, 이런 경향은 점차 각국으로 확대되었고, 20세기 중반부터는 종교의 자유에 관한 국제적인 보장이 이루어졌다. 즉 1948년 세계인권선언 제18조에 종교의 자유가 규정되면서, 종교의 자유는 1950년 유럽인권규약 제9조, 1966년 국제인권 B규약 등에 의해 보장받게 되었다.

　종교의 자유는 국가에 의한 간섭이나 영향 또는 침해에 대한 방어권적 성격을 지닌다. 개인은 국가에 의하여 특정 신앙을 강제당하거나 자신의 신앙에 대해 고백을 강요당하지 않는다. 또한 국

---

1. 김백유, "종교의 자유", 《성균관법학》, 성균관대학교 법학연구원, 제23권 제2호, 34면 (2011년 8월).

가는 종교 행사의 자유를 침해하지 말아야 한다.

또한 종교의 자유는 객관적 가치질서로서의 성격을 가지므로 국가는 구체적 법률 등을 통해 이를 국가의 중요한 가치질서로 형성해 나가야 한다. 즉 국가는 종교의 자유에 대해 적극적 보호조치를 취할 의무를 지닌다.

종교의 자유는 내면적 신앙을 형성하는 자유, 신앙의 자유와 선택한 종교를 변경할 자유 등을 우선적으로 포함한다. 종교의 자유는 또한 종교적 행위의 자유(종교 행사의 자유)를 보장한다. 종교 행사의 자유란 기도, 예배 등 신앙을 외부에 나타내는 모든 의식을 자유롭게 행할 수 있는 것을 말한다. 외부적 행위의 자유가 보장되지 않으면 종교의 자유는 실제적으로 보장될 수 없다. 또한 종교의 자유는 종교 집회 및 결사의 자유를 포함한다. 종교 집회의 자유란 종교적인 목적으로 같은 신앙을 가진 사람들이 일시적인 모임을 자유롭게 가질 수 있는 것을 말하고, 종교 결사의 자유란 이들이 서로 결합하여 단체를 조직할 자유를 말한다. 또한 종교의 자유에는 선교(포교)의 자유도 포함된다. 선교란 자기의 신앙을 선전하고 전파함으로써 신앙을 실천하는 자유로, 신자를 규합하기 위한 신앙의 실천행위이다. 또한 종교의 자유는 종교적 교리에 기초하여 학교에서 교육할 수 있는 자유인 종교 교육의 자유를 포함한다. 특정 종교 교육을 목적으로 종립학교를 설립하거나 사립학교에서 특정 종교 교육을 실시하는 것이 원칙적으로 허용된다.

코로나19로 인해 정부가 명령하는 집합제한이나 집합금지는 종교 행위 및 종교 집회에 대한 제한 및 금지에 해당한다. 종교의 자유도 헌법 제37조 제2항에 의해 국가안전보장·질서유지·공공복리를 위해 법률에 의해 제한될 수 있지만, 종교의 자유는 다른 기본권보다 인간의 존엄과 행복추구를 위한 핵심적인 자유권으로서, 무엇보다도 명확한 법률적 근거를 가지고 제한하여야 할 것이다. 이는 법률에서 엄격하게 그 제한의 범위와 정도를 확정하여야 하며, 행정권에게 위임이나 재량을 너무 많이 허용해서는 안 된다는 의미이다.[2] 또한 종교의 자유는 정신적 영역의 자유권이고 표현의 자유와 관계 있으므로 그 보호 정도가 강화된다. 즉, 표현의 자유에 적용되는 명백하고 현존하는 위험의 원칙clear and present danger rule이 종교의 자유에도 적용되며, 일반적인 자유권보다 우선적으로 보호된다referred position.[3] 이러한 경우 위헌 심사 대상이 되는 법률이 위헌적으로 권리를 침해한다는 주장에 대해 당해 법률이 위헌이 아님을 입증할 책임을 정부가 부담한다.

2. 박규환, "종교의 자유의 객관적 가치질서성에 관한 소고", 《헌법판례연구》 제7권, 176면 (한국헌법판례연구학, 2005년).

3. 이우영, "미국 위헌법률심사기준의 정립과정에서 우월적 지위이론의 의의", 《공법학연구》 제12권 제4호, 319면(한국비교공법학회, 2011년 11월).

정교분리의 원칙 위반의 위헌성

우리 헌법 제20조 제2항은 "국교는 인정되지 아니하며, 종교와 정치는 분리된다."라고 규정하여, 정교분리의 원칙을 명문화하고 있다. 이러한 정교분리 규정은, 과거 역사적으로 종교와 국가가 결합하는 경우 전제주의가 나타났고, 그러한 국가체제는 국민들을 억압하는 정치체제였으며, 특정 종교만 우대하여 결국 종교의 타락을 가져온 것을 경험한 데서 기인한다. 이러한 정교분리의 원칙에 의해 정치권력이 침범할 수 없는 **종교 영역의 자율권**이 인정된다.

정교분리의 원칙에 따라 국가는 종교 단체의 내부 문제에 관여할 수 없다. 국가는 교리에 관한 것은 물론이고, 종교 단체의 구성원의 선임이나 징계 등에 관하여 원칙적으로 관여할 수 없다. 대법원 판례는 교회의 교인에 대한 징계는 교회 내부의 자율적 결정에 맡길 문제로서 사법 심사의 대상이 되지 않는다고 보았다.[4] 이 판결에서 대법원은 "교회의 장로면직 및 출교처분은 종교 단체의 교리를 확립하고 단체 및 신앙상의 질서를 유지하기 위하여 교인으로서 비위가 있는 자에게 종교적인 방법으로 징계 제재한 종교 단체 내부의 규제에 불과한 것이고, 그것이 교인 개인의 특정한

---

4. 대판 1983.10.11. 83다233.

권리 의무에 관계되는 법률관계를 규율하는 것이라고 볼 수 없어 확인 소송의 대상이 될 수 없다."라고 판시하였다. 이러한 대법원의 태도는 종교의 자유 및 자율성을 보장하고 헌법의 정교분리 원칙을 확인한 것으로 평가할 수 있다.

따라서 국가는 종교 단체의 본질적인 종교 행위의 내용인 예배에 간섭할 수 없다. 또한 그 단체의 내부적인 결정에 간섭할 수 없다. 이러한 원칙은 역사적으로 국민의 기본권인 종교의 자유와 종교적 양심의 자유를 확보하기 위해 발전되어 왔다. 이러한 이유로 미국 헌법에서의 정교분리의 조항도 종교의 자유를 강조하고 있다. 그러한 의미에서 정교분리의 원칙의 핵심은 국가가 종교 단체의 자기결정권을 존중하고 보호해야 한다는 데 있다. 정부는 교회에 대해 일정하게 법인의 지위를 주고 법적인 자주권을 보장한다. 정교분리의 원칙에 의해 교회 법인은 다른 단체에 비해 보다 더 강화된 자율권을 향유하게 된다.

이러한 원칙은 코로나 사태와 관련하여 다음과 같은 의미를 갖는다. 우선 정부가 집합금지명령 또는 집합제한명령을 내림으로써 예배 모임을 전면적으로 또는 실질적으로 불가능하게 만드는 조치는, 교회의 자율성을 심각하게 침해하는 조치이다. **예배는 교회의 본질적인 종교 행위의 내용으로서 교회의 자율적 결정에 맡**

길 분야이기 때문이다.[5] 따라서 국가의 예배 모임 금지, 시설 폐쇄, 참석 인원 제한 등은 **교회의 자율성 영역을 현저하게 침범한 위헌적 행위이다.** 국가는 교회의 자율성을 침해하지 않는 한도에서 조치들을 취할 수 있을 뿐이다.

비례의 원칙

먼저 미국의 법규를 살펴보자. 미국 수정헌법 제1조는 "연방의회는 국교를 정하거나 또는 자유로운 신교 행위를 금지하는 법률을 제정할 수 없다"라고 규정함으로써, 종교와 정치를 분리하고 종교의 자유를 보장하고 있다. 정교분리와 관련하여 미국 연방의회는 1993년에 종교자유회복법Religious Freedom Restoration Act을 제정하였다. 이는 연방정부나 주정부가 개인의 신앙 및 종교행위의 자유를 규제하기 위한 요건으로 첫째, 그러한 정부의 규제가 **필수적인 공익** compelling government interest**을 증진하기 위한 수단일 것**, 둘째, 이러한 필수적인 공익을 달성하기 위한 수단으로서 현재의 규제보다 개인의 신앙이나 종교행위를 보다 덜 제한하는 대안이 존재하지 않을 것을 정부로 하여금 입증하도록 하였다. 이러한 미국의 종교자유회

---

5. 현장 예배를 드릴지 아니면 온라인 예배로 대체할지 결정하는 것은 교회 내부의 자율적 결정에 맡길 영역이다. 국가는 종교적 모임의 방법에 대해 판단할 권한이 없다. 이것은 고도의 종교적 판단이다.

복법의 태도는 현재 우리나라에서 내려지고 있는 정부의 무차별한 규제의 위헌성을 보여주는 근거로 볼 수 있다.

2020년, 5월 최근 미국에서 켄터키주 연방지법의 타텐호브 판사는 태버너클 침례교회가 앤디 베시어 주지사와 주정부를 상대로 제기한 소송에서 교회 예배를 금지한 주정부의 행정명령을 일시적으로 중단하라고 판결했다. 이 판결은 태버너클 교회는 물론 켄터키주 모든 교회에 적용되는 것이다. 그 판결에서 판사는 "베시어 주지사는 바이러스 확산 방지를 위한 정직한 동기를 갖고 있지만 헌법에 보장된 종교의 자유를 제한해야 하는 확실한 이유를 제시하지는 못했다"라고 판시하면서, 헌법에 보상된 종교의 자유는 코로나19 사태에서도 보호되어야 한다고 하였다.[6]

또한, 최근 미 연방대법원이 코로나 방역보다 종교활동 자유를 보장하는 게 우선이라는 판결을 내놨다. 지난 10월, 뉴욕주는 교회에 예배 제한 명령을 내렸고, 이에 종교단체들이 소송을 제기했다. 뉴욕주 또한, 해당 규제는 코로나 확산을 막기 위해 필요한 조치라고 맞섰으나, 대법원은 "감염병 사태에서도 헌법이 뒤로 밀리거나 잊혀져서는 안된다. 뉴욕주의 예배 참석 규제는 종교의 자유를 보장한 수정헌법 제1조를 위반했다."고 판단했다.[7]

---

6. 시애틀 한인 뉴스넷 2020년 5월 10일자 기사 "연방 법원, '교회 현장 예배금지는 위헌이다'판결"

7. 조선일보 2020년 11월 27일자 기사 "미 연방대법원 '코로나 방역보다 종교 활동이 우선'"

미국의 종교자유회복법의 취지와 비슷한 우리 헌법의 **비례의**
원칙은 법치국가의 원리에서 당연히 파생되는 헌법상의 기본 원
리의 하나이며 규정으로 명문화되어 있다. 우리 헌법 제37조 제
2항에 의하면 "국민의 자유와 권리는 국가안전보장, 질서유지 또
는 공공복리를 위하여 필요한 경우에 한하여 법률로써 제한할 수
있으며 그 경우에도 자유와 권리의 본질적인 내용을 침해할 수 없
다"고 규정하여, 국가가 국민의 기본권을 제한하는 입법을 함에
있어서 준수하여야 할 기본 원칙을 천명하고 있다. 이것은 코로나
사태로 인한 위기의 상황에서도 지켜야 할 기본권 보장의 기본 수
단이며, 법치주의의 핵심 내용이다.

비례의 원칙이란 국민의 기본권을 제한하려는 입법의 목적이
헌법 및 법률의 체제상 그 정당성이 인정되어야 하고(목적의 정당성),
그 목적의 달성을 위하여 그 방법이 효과적이고 적절하여야 하며
(방법의 적절성), 입법권자가 선택한 기본권 제한의 조치가 입법 목적
달성을 위하여 설사 적절하다 할지라도 보다 완화된 형태나 방법
을 모색함으로써 기본권의 제한은 필요한 최소한도에 그치도록
하여야 하며(피해의 최소성), 그 입법에 의하여 보호하려는 공익과 침
해되는 사익을 비교 형량할 때 보호되는 공익이 더 커야 한다(법익
의 균형성)는 헌법상의 원칙이다.

비례의 원칙 위반의 위헌성

예배 모임 규제는 보건상의 목적을 가지므로 **목적의 정당성**은 인정된다. 또한 예배 모임 규제는 보건상의 목적 달성에는 확실히 도움이 되므로 **방법의 적절성**도 인정된다.

그러나 **피해의 최소성** 요건을 충족하려면, 보다 낮은 단계의 기본권 제한으로는 동일한 목적 또는 보다 나은 목적을 실현할 수 없어야 할 것이다. 즉, 집합금지명령의 경우에는 집합을 금지하지 않고는 동일한 목적을 실현할 수 없어야 하며, 집합제한명령의 경우에는 그보다 낮은 단계의 규제로는 동일한 목적을 실현할 수 없어야 한다.

따라서 집합금지명령이 합헌이려면, 집합금지명령이 반드시 필요한 중대하고 급박한 위험이 있었어야 한다. 그런데 앞서 본 대로, 각 지방자치단체의 장마다 사안을 보는 시각이 다르고 일부는 경고조치, 일부는 집합금지명령을 내리는 등 제재 양태도 서로 다르다. 일부 지방자치단체의 장은 중대하고 급박한 위험이 존재하지 않은 상황에서 과도한 규제를 명하는 행정명령을 내린 것으로 보이며, 이러한 조치는 피해의 최소성에 반하며 비례의 원칙에 합치하지 않는다.

예를 들어, 신천지 이단의 집단 감염 경우에는 신천지 집단 안에 이미 엄청난 수의 감염자가 있고, 방역에 협조하지도 않고 숨

으려고 하는 상황으로서 정부나 지방자치단체가 집합금지를 내릴 중대하고 급박한 위험이 존재하였다고 할 수 있겠지만, 교회 예배의 경우에는 수만 개 교회 중에 몇십 개 교회에 국한된 집단 감염이 발생하였으며,[8] 굳이 집합을 금지하지 않고도 마스크 착용을 권장하는 방식으로도 감염을 방지할 수 있으므로(이것은 통계적으로 충분히 입증되었다. 게다가 사회 안에 비격리 감염자 수가 1만 명도 안 되는 상황에서는 과거 마스크 착용 없이 독감철에 예배드리던 것에 비해 마스크 착용한 예배 모임은 위험성이 100분의 1 이하에 불과하다. 3장 참조—편집주), 집합금지를 내릴 중대하고 급박한 위험이 존재하지 않는다.

이상 집합금지명령에 대해 피해의 최소성 원칙 위반 여부를 논하였는데 집합제한명령은 이에 준하여 판단하면 된다. 즉, 1-2m 거리두기 제한 등의 집합제한명령의 경우, 실제 참석가능 숫자를 4분의 1, 5분의 1로 감소시켜 예배를 실질적으로 폐쇄하는 효과를 불러온다. 그런데 의학계에서 마스크를 착용하면 굳이 거리두기 제한이 필요 없다는 의견이 강력하게 대두되며, 대중교통 이용 시 마스크만 착용하면 굳이 1m 거리두기를 하고 있지 않다. 마스크를 쓴 상태로 거리두기를 하지 않은 예배 모임이 현존하는 급박한 위험을 초래한다는 것은 증명된 바가 없다. 따라서 거리두기 집합제한명령은, 그 제한된 행위 내용이 종교의 자유를 과중하게

---

8. 교회 관련 확진자 수는 정치 집회 등으로 밀접 접촉한 몇몇 교회를 제외하면 실질 점유율이 2%대에 불과할 정도임(1장 참조—편집부).

제한하는 것이며 그보다 완화된 방법으로도 목적을 달성할 수 있으므로 피해의 최소성 원칙에 위반하여 위헌이다.

한편 **법익의 균형성**이란, 법에 의하여 보호되는 공익이 침해되는 사익보다 더 커야 한다는 것을 의미한다. 여기에서는 사익과 공익이라는 두 가지 이익 간의 비교 형량이 필요한데, 이는 절대적으로 결정될 수 있는 것이 아니라 구체적인 상황에서 상대적인 중요성에 의해 결정될 수밖에 없다.[9] 집합금지의 경우 침해되는 예배의 자유는 기독교인에게 있어서 핵심적인 신앙의 자유의 내용에 해당하고, 공익은 국민의 건강인 공공복리가 될 것이다. 두 가지를 비교 형량하는 경우에 정신적 영역에 속하는 종교적 행위의 자유보다 공익인 공공복리가 우선한다고 보기 힘들다. 예배의 자유는 성경의 명령이며, 신자들의 종교적 양심 실현이기 때문이다.[10] 헌법재판소가 양심적 병역거부를 인정하는 결정을 하면서, "병역종류조항의 공익도 중요하지만 양심적 병역거부자가 감수하여야 하는 불이익은 심대하다"고 판시하고 병역법 조항에 대해 헌법불합치결정을 한 것처럼,[11] 집합금지명령의 경우도 침해되는 예배의 자유로

---

9. 김종보, "기본권침해 심사기준에 대한 소고",《공법학연구》제10권 제3호, 한국비교공법학회, 177면.

10. 이 경우 국가가 방역적 공익과 종교적 이익을 비교 형량할 수 있느냐는 문제가 제기된다. 앞에서 논했듯이 예배 모임은 교회의 자율적 결정사항에 속하며 국가가 이 영역을 침범하면 위헌이다.

11. 헌재 2018.06.28. 2011헌바379 등.

인한 종교인의 불이익은 매우 심대하다고 할 것이다. 국가는 이러한 법익의 균형성에 위배되는 명령을 종교인의 예배에 대해 내려서는 안 될 것이다.

감염병예방법 규정의 불명확성으로 인한 위헌성

현행 우리 감염병예방법의 문제점은 집합금지에 대한 개념 정의가 없고, 집합제한 및 집합금지 대상에 대한 명확한 열거가 없고, 경고, 제한, 금지로 이어지는 단계적 조치의 조건에 대한 언급이 없는 것이다. 우선 감염병예방법에는 집합금지라는 용어 자체에 대한 개념 정의가 누락되어 있고, 어느 집합이 금지되는지가 전적으로 해석자의 주관에 의해 좌우될 수 있어 이것은 **명확성 원리에 위배된다.** 집합금지라는 용어는 다른 법령에서 사용되고 있지 않은 용어이고, 법원에서의 해석도 아직 없기 때문에 그 내용을 알 수 없다. 집합의 범위 내에 예배를 포함시키려면 감염병예방법에 분명히 교회 시설에서의 예배 등에 대한 명확한 언급이 있어야 하겠다. 또한 제한과 금지의 대상에 대한 구별이나 명령 발동의 조건 등이 법 규정에 명확히 언급되지 않아서 법치국가가 요구하는 **명확성 원칙에 위반하는 위헌의 소지가 존재한다.** 집합금지의 대상이 되는 시설물에 대해 법령에 명시적으로 자세히 열거되어 있어야 법치국가의 법률유보원칙을 충족시킬 수 있다. 형사 처분의 경우에 죄형법정주의가 요구하는 명확성은 다른 행정적 명확성보다 요청되는 진지성이 매우 높기 때문이다.[12]

법 규정 자체의 위헌성

감염병예방법 제49조 제1항의 금지 조치는 예방 목적을 가지고 제한이 아닌 금지를 내릴 수 있어서 행정적 재량을 너무 과대하게 부여하고 있다. 그리고 제한 단계와 금지 단계의 구별 없이 행정력이 원하는 대로 제한과 금지를 선택할 수 있게 하여서 행정력 행사의 단계적 실시를 무시하고 있다. 이러한 법률 규정은, 기본권 제한의 경우 최소한에 그쳐야 한다는 비례의 원칙을 위반하는 것이다. 이러한 규정으로 인해 지방자치단체의 장들이 임의로 경고, 집합제한명령, 집합금지명령 중에 선택함으로써 행정의 기대 가능성이 훼손되었다. 법 규정에서 제한명령과 금지명령 각각의 구체적 조건을 규정하지 않고 있어 어느 경우에 제한명령을 하고, 어느 경우에 금지명령을 해야 하는지 명확하지 않아 명확성 원칙 위반의 위헌 소지도 존재한다.

　감염병예방법 제49조 제1항은, 보건복지부장관, 시 · 도지사 또는 시장 · 군수 · 구청장은 감염병을 예방하기 위하여 관할 지역

---

12. 헌재 1992.02.25. 89헌가104.

에 대한 교통의 전부 또는 일부를 차단하는 것, 홍행, 집회, 제례 또는 그 밖의 여러 사람의 집합을 제한하거나 금지하는 조치를 할 수 있고(법 제49조 제1항 제2호), 이를 위반한 경우 300만원 이하의 벌금을 부과할 수 있도록 하고 있다. 이것은 형사적 제재에 해당한다. 지방자치단체는 앞서 본 바와 같이 예배에 대한 제한이나 금지의 근거로 감염병예방법 제49조 제1항 제2호를 들고 있어, 예배를 일반적인 집합과 같이 취급하고 있다. 그러나 이러한 태도는 종교의 자유라는 예배의 성격을 제대로 파악하지 못한 것이라고 평가된다. 집회 및 시위에 관한 법률에서도 종교적 집회는 사전 신고 없이 자유롭게 행할 수 있다고 규정한다(집시법 제15조). 독일의 경우 종교의 자유와 같은 절대적 기본권에 대한 제한은 일반적으로 형사 처벌은 금지되고, 민사상 행정적 제재만 하는 원칙이 존재한다.[13] 형사 처벌적 제한은 국민에게 큰 부담을 주게 된다. 이 것은 종교의 자유의 특수성을 몰각한 위헌적 규정이다. 그러므로 현재 벌금인 형사적 제재도 이 경우 행정벌인 과태료 등으로 대체되는 것이 바람직하다.

---

13. 독일연방헌법재판소는 모든 질병과 싸워서 이기는 최상의 치료법은 하나님께 기도하는 것이라는 종교상의 확신 때문에 위독한 배우자의 입원치료를 강력히 권유하지 못하고 결국 배우자를 사망하게 한 형사피고인(독일형법 제323c조 구조부작위죄)에게 강력한 사회적인 응징수단이라고 볼 수 있는 형법상의 형벌을 가하는 것은 '종교의 자유'의 과 급효과를 제대로 인식하지 못한 위헌적인 판결이라고 판시하였다. BVerfGE 32, 98.

‖ 점검 및 적용 ‖

- 종교의 자유는 인간의 존엄과 행복추구를 위한 핵심적인 자유권이다. 이것은 기본권 제한과 관련하여 어떤 의미를 갖는가?

- 종교의 자유는 정신적 영역의 자유권이고 표현의 자유와 관계있다. 종교의 자유는 일반적인 기본권(경제활동의 자유 등)에 비해 두텁게 보호되어야 하는가 아니면 동일하게 보호되어야 하는가?

- 국가권력이 교회 예배 모임에 일괄적 금지명령, 또는 제한명령을 발하는 것은 교회의 자율성 영역을 침범한 위헌인가? 교회의 자율성 영역이란 무엇인가?

- 마스크만 착용해도 감염을 충분히 예방할 수 있다면, 현장 예배 모임을 금지시키는 정부의 명령은 비례의 원칙을 준수하는가?

- 마스크만 착용해도 과거 독감철 마스크 벗은 모임 대비 위험성이 100분의 1 밖에 안 된다면, 현장 예배를 금지 또는 인원 제한하는 것이 비례의 원칙을 준수하는가?

- 마스크만 착용해도 감염을 충분히 예방할 수 있다면 굳이 1-2m 떨어져 앉으라는 명령은 비례의 원칙을 준수하는가?

- 수만 개 교회 중 극소수에서 발생한 감염을 이유로 전체 교회의 모임을 일괄적으로 규제하는 것은 피해의 최소성 원칙을 준수하는가?

5장

국가의 관할권 없음을 선포한
그레이스 커뮤니티 교회의 사례 소개

조정의(2부 집필)

1부

입장문 전문 : 현장 모임을 폐쇄하지 않아야 할
교회의 의무에 관한 성경적 논거[1]

그리스도는 만유의 주이시다. 그분은 교회의 유일한 참 머리이시다(엡 1:22, 5:23; 골 1:18). 그분은 또한 이 땅의 모든 권세를 주관하는 만왕의 왕이시다(딤전 6:15; 계 17:14, 19:16). 그레이스 커뮤니티 교회는 항상 이런 성경적 원칙들 위에 확고하게 서 있었다. 우리는 하나님의 백성으로서 성경에 계시된 하나님의 뜻과 명령에 복종한

---

1. 1부의 내용은 교회 폐쇄 명령에 불복종하기로 결정하면서 발표한 그레이스 커뮤니티 교회의 입장문 전문을 번역한 것이다. 존 맥아더 목사나 여타 교회의 장로들은 이 입장문을 통해 교회문을 열기로 한 그들의 결정이 어떤 원칙에 따라 이루어진 것인지 공포하였다.

다. 그러므로 우리는 매주의 회중 예배 내지 정기 회집에 대한 정부의 중단 명령을 따를 수 없으며 따르지도 않을 것이다. 그것을 따르는 것은 주님의 명백한 명령들에 대한 불순종이 될 것이다.

혹자는 이러한 단호한 선언이 로마서 13장과 베드로전서 2장에 기록된 다스리는 권세에 대한 복종 명령과 여지없이 충돌한다고 생각할 것이다. 성경은 왕과 정부와 고용주와 그들의 대리자를 포함한 모든 다스리는 권세에 대한 주의 깊고 양심적인 순종을 명령한다(베드로는 베드로전서 2장 18절에서 이렇게 말한다. "선하고 관용하는 자들에게만 아니라 또한 까다로운 자들에게도 그리하라"). 위정자들이 교회적 권위ecclesiastical authority를 주장하거나 하나님의 율법에 대한 순종을 금지하지 않는 한, 우리는 그들의 권위에 순종해야 한다. 설혹 지지하지 않는 정치 세력이 집권하여 통치하더라도 그들의 권위에 순종해야 한다. 다시 말해, 로마서 13장과 베드로전서 2장은 여전히 개별적인 그리스도인들의 양심을 구속한다. 우리는 우리의 정부당국을 하나님이 친히 세우신 권세로 인정하고 그들에게 순종해야 한다.

시민 정부는 국가를 다스릴 신적 권위를 부여받았다. 하지만 상기 성경 본문들 중 어느 것도(또한 다른 어떤 본문도) 시민 통치자들에게 교회를 다스릴 관할권을 주지 않는다. 하나님은 인간 사회 안에 세 가지 기관을 세우셨다. 그것은 바로 가정, 국가, 교회이다. 각 기관은 각자의 관할권의 한계를 가지며 각자의 권위의 영역이 있다. 이것은 반드시 존중되어야 한다. 아버지의 권위는 자신의 가족에 국한된다. 교회 지도자의 권위는(이것은 그리스도로부터 그들에게 위임된 것이다) 교회 문제에 국한된다. 그리고 정부는 한 국가나 사회 안의 시민적 평화와 안녕을 돌보고 보호할 책무를 부여받았다. **하나님은 시민 통치자들에게 교회의 교리, 실천, 정치에 대한 권위를 주시지 않았다.** 성경적인 체계는 각 기관의 권위를 특정 관할권 내로 제한한다. 교회는 개별 가정들의 문제에 개입하여 부모의 권위를 무시할 권한을 갖고 있지 않다. 부모는 정부의 관리를 제쳐 두고 국가의 문제를 경영할 권한을 갖고 있지 않다. 마찬가지로 정부의 관리는 교회의 문제에 개입할 권한이 없다. 어떤 면에서 그런 일은, 하나님이 목사들과 장로들에게 부여하신 권위를 깎아먹거나 무시하는 것이다.

세 가지 기관 중 어느 하나가 자신의 관할권의 한계를 벗어날 때, 다른 기관들이 할 일은 그 한계를 벗어나 뻗은 손을 제한하는 것이다. 정부의 관리 중 누구라도 (찬양을 금지하거나, 참석자를 일정 수로 제한하거나, 회집과 예배를 금지하는 것과 같은) 예배를 제한하는 명령을 발표한다면, 그는 하나님이 공직자에게 지정해주신 권위의 적법한 한계를 벗어난 것이며, 하나님이 그분의 왕국(곧 교회)의 주권자이신 주 예수 그리스도께만 주신 권위를 스스로 사칭한 것이다. 지역 교회에 대한 하나님의 통치는 하나님의 말씀을 가르치는 목사와 장로의 손을 통해 실현된다(마 16:18-19; 딤후 3:16-4:2).

그러므로 캘리포니아주 안에 있는 교회들의 모든 모임의 무기한 제한 또는 연기를 요구한 최근의 주정부 명령에 대한 반응으로, 그레이스 커뮤니티 교회의 목사와 장로인 우리는 존경심을 담아 우리의 시민 지도자들에게 그들이 적법한 관할권을 벗어났음을 알리며, 그리스도를 향한 우리의 신실함으로 인해 공예배에 관한 그들의 규제에 따를 수 없음을 알리는 바이다.

달리 말하자면, 예배에 관해 명령하거나 변경하거나 금지하거나 지시하는 것이 시민 정부의 권한에 속했던 적은 한 번도 없었다. 교회의 예배가 가이사에게 종속된 적은 어떤 방식으로든 단 한 번도 없다. 가이사 자신마저 하나님에게 종속된다. 예수님은 빌라도 앞에 섰을 때에 이 원칙을 확언하셨다. "위에서 주지 아니하셨더라면 나를 해할 권한이 없었으리니 그러므로 나를 네게 넘겨 준 자의 죄는 더 크다"(요 19:11). 그리스도께서 교회의 머리이시므로, 교회와 관련된 교회적 문제들은 가이사가 아닌 그리스도의 왕국에 속한다. 예수님은 "가이사의 것은 가이사에게, 하나님의 것은 하나님께 바치라"(막 12:17)고 말씀하심으로써 두 왕국 사이에 명백한 구분선을 그으셨다. 우리 구주 자신도 언제나 가이사의 것은 가이사에게 돌리셨으나 오직 하나님께 속한 것은 결코 가이사에게 주시지 않았다.

우리는 목사와 장로로서 교회의 머리이신 그리스도께만 속한 어떠한 특권이나 권세도 이 땅의 권세에 내어줄 수 없다. 목사와 장로는 교회 안에서 그리스도의 영적 권위를 행사할 의무와 권리를 그리스도로부터 부여받았다(벧전 5:1-4; 히 13:7, 17). 오직 성경 말씀만이 그들이 어떻게 그리고 누구를 섬길지를 규정한다(고전 4:1-4). 그들은 교회의 예배나 통치 구조를 규율하려고 시도하는 시민 정부의 명령에 따를 의무가 전혀 없다. 사실 그리스도께서 위임하신 교회 안의 권위를 시민 통치자에게 내어주는 목회자는 주님 앞에서 자신의 책무를 저버린 것이다. 그는 교회를 향해 자신의 권위를 부적절하게 강요하는 세속 정부 관리 못지않게 하나님이 세우신 권위의 영역을 침해한 것이다. 본 교회의 교리 선언문은 이러한 내용을 담은 부분을 40년 이상 포함해 왔다.

우리는 어떠한 외부적 권세나 통제로부터도 자유롭고, 개인이나 단체의 어떠한 계층구조적 간섭으로부터도 자유로운 상태에서 스스로 통치하는 권리를 지닌 지역 교회의 자치성(또는 자율성)을 믿는다(딛 1:5). 우리는 참된 교회들이 신앙을 전파하고 퍼뜨리기 위해 서로 협력하는 것이 성경적이라고 믿지만, 각 지역 교회는 장로들의 성경 해석 및 적용을 통하여 그러한 교회 간 협력의 정도와 방법을 스스로 판단해야 한다. 장로들은 멤버십, 정책, 권징, 자선, 정치를 포함한 모든 문제들을 결정해야 한다(행 15:19-31, 20:28; 고전 5:4-7, 13; 벧전 5:1-4).

간단히 말해서, 우리는 교회로서 하나님이 명령하신 방식대로 하나님을 섬기고 예배하기 위해 국가의 허락을 필요로 하지 않는다. 교회는 그리스도의 존귀한 신부이다(고후 11:2; 엡 5:23-27). 교회는 오직 그리스도께 속해 있다. 교회는 그분의 뜻에 의해 존재하며, 그분의 권위 아래에서 섬긴다. 그리스도는 교회의 순결함을 공격하는 것과 교회의 머리되신 권세에 도전하는 것을 결코 용납하지 않으실 것이다. 이 모든 사항은 예수님이 "내가…내 교회를 세우리니 음부의 권세가 이기지 못하리라"(마 16:18)라고 말씀하실 때 굳게 성립되었다.

그리스도의 권위는 다음의 구절에서 잘 드러난다. "모든 통치와 권세와 능력과 주권과 이 세상뿐 아니라 오는 세상에 일컫는 모든 이름 위에 뛰어나게 하시고 또 만물을 그의 발 아래에 복종하게 하시고 그를 만물 위에 교회의 머리로 삼으셨느니라 교회는 그의 몸이니 만물 안에서 만물을 충만하게 하시는 이의 충만함이니라."(엡 1:21-23).

따라서, 우리는 이 땅의 통치자들과 재판자들에게 마땅히 존경을 돌리지만(롬 13:7), 그러한 존경은 그들이 바른 교리를 전복시키고, 성경적 윤리를 타락시키고, 교회적 권위를 행사하고, 교회의 머리되신 그리스도를 대체하려고 시도할 때 이에 순응하는 것을 의미하지 않는다.

성경적 질서는 명확하다. 그리스도는 가이사를 다스리는 주님이시며, 그 반대는 성립하지 않는다. 가이사가 아닌 그리스도께서 교회의 머리이시다. 반대로, 교회는 어떤 의미에서든지 국가의 통치에 속하지 않는다. 다시 말해 분명히 구분되는 두 왕국이 있으며, 그리스도는 양쪽 모두를 주관하신다. 교회나 국가를 막론하고 "하늘과 땅의 모든 권세를 내게 주셨으니"(마 28:18)라고 선언하신 그리스도보다 높은 권위는 존재하지 않는다.

미국 수정헌법 제1조는 "연방의회는 국교를 정하거나 자유로운 종교 활동을 금지하는 법률을 제정할 수 없다."라는 말로 이런 원칙을 분명히 확증하고 있지만, 그럼에도 우리의 논증은 헌법에 근거한 것이 아님에 주목하기 바란다. 우리가 주장하는 권리는 헌법에 의해 비로소 창설된 것이 아니다. 이것은 오직 하나님이 부여하신 양도할 수 없는 권리이다. 인간 정부를 세우신 하나님이 국가의 권세의 범위와 한계를 제정하셨다(롬 13:1-7). 그러므로 우리는 의도적으로 우리의 논증의 기반을 수정헌법 제1조에 두지 않았다. 우리의 논증은 그 수정헌법의 기초가 되는 성경적 원칙에 기초하고 있다. 참된 종교 활동은 하나님의 형상으로 창조된 남녀에게 주어진 신성한 의무이다(창 1:26-27; 행 4:18-20, 5:29; 마 22:16-22 참조). 달리 말하자면, 예배의 자유는 하나님의 명령이며, 국가로부터 허여받은 특권이 아니다.

이런 맥락에서 추가적으로 짚고 넘어가야 할 것이 있다. 그리스도는 언제나 충신과 진실이시다(계 19:11). 반면에, 사람의 정부는 그다지 신뢰할 만한 것이 못 된다. 성경은 "온 세상은 악한 자 안에 처한 것이며"(요일 5:19)라고 말한다. 물론 여기서 악한 자는 사탄을 의미한다. 요한복음 12장 31절과 16장 11절은 그를 "이 세상의 임금"으로 부른다. 즉, 사탄은 세상의 정치체계를 통해 권세와 영향력을 휘두른다(눅 4:6; 엡 2:2, 6:12 참조). 예수님은 사탄을 두고 "그가 거짓말쟁이요 거짓의 아비가 되었음이라"(요 8:44)라고 말씀하셨다. 역사는 정부 권력이 악한 목적을 위해 쉽게 그리고 자주 남용된 쓰라린 기록들로 가득하다. 정치가들은 통계를 조작할 수 있으며 매체는 불편한 진실을 덮거나 숨겨 버린다. 만약 정부가 회중모임 셧다운 명령을 내린다면(표면상의 이유는 공중의 건강과 안전에 관한 관심이라고 할지라도), 분별하는 교회는 거기에 수동적으로 혹은 기계적으로 순응할 수 없다.

교회는 그 정의상 **모임**assembly이다. 그것이 교회에 해당하는 헬라어 에클레시아*ekklesia*(부름받은 자들의 모임)의 문자적 의미이다. 모이지 않는 모임은 용어상 모순이다. 그러므로 그리스도인은 함께 모이는 것을 폐하지 말라는 명령을 받는다(히 10:25). 그리고 이 땅의 어떤 국가도 신자들의 모임을 제한하거나, 한계를 두거나, 금지할 권리가 없다. 우리는 국가에 의해 기독교 회중 예배가 불법으로 간주되는 나라에 존재하는 지하 교회들을 항상 지지해 왔다.

관리들이 교회 참석 인원을 일정 수로 제한할 때, 그들은 **원칙적으로** 성도들이 **교회로서** 모이는 것을 불가능하게 만드는 제한을 강요하는 것이다. 관리들이 공예배 가운데 찬양을 금지할 때, 그들은 **원칙적으로** 하나님의 백성이 에베소서 5장 19절과 골로새서 3장 16절의 명령에 순종하는 것을 불가능하게 만드는 제한을 강요하는 것이다. 관리들이 거리두기를 지시할 때, 그들은 **원칙적으로** 로마서 16장 16절, 고린도전서 16장 20절, 고린도후서 13장 12절, 데살로니가전서 5장 26절에서 명령하고 있는 신자들 간의 긴밀한 교제를 불가능하게 만드는 제한을 강요하는 것이다. 우리는 이 모든 영역 가운데 반드시 우리 주께 복종해야 한다.

비록 미국에 살고 있는 우리가 주 예수 그리스도의 교회를 향한 정부의 간섭에 익숙하지 않을 수 있지만, 그리스도인들이 정부의 과한 침해나 적대적 통치자들을 상대해야 했던 것은 교회사 속에서 결코 처음 있는 일이 아니다. 사실은 정부 권세에 의한 교회 박해는 교회사를 통틀어 예외적이라기보다 일반적인 일이다. 성경은 "무릇 그리스도 예수 안에서 경건하게 살고자 하는 자는 박해를 받으리라"(딤후 3:12)고 말한다. 역사적으로, 세속 정부와 거짓 종교라는 두 부류의 주된 박해자가 항상 존재해 왔다. 대부분의 기독교 순교자들은 그러한 권위들에 대한 순종을 거부했기 때문에 죽었다. 그리스도는 그런 박해를 약속하셨다. "사람들이 나를 박해하였은즉 너희도 박해할 것이요"(요 15:20). 그분은 팔복에 대한 가르침의 마지막에서 이렇게 말씀하셨다. "나로 말미암아 너희를 욕하고 박해하고 거짓으로 너희를 거슬러 모든 악한 말을 할 때에는 너희에게 복이 있나니 기뻐하고 즐거워하라 하늘에서 너희의 상이 큼이라 너희 전에 있던 선지자들도 이같이 박해하였느니라"(마 5:11-12).

정부 정책이 성경의 원칙에서 점점 더 멀리 이탈하고 교회를 대적하는 법적, 정치적 압박이 심해지는 만큼, 우리는 하나님이 이러한 압박을 사용하사 진정한 교회를 드러내는 정화의 수단으로 삼고 계실지도 모른다는 사실을 인식해야 한다. 정부의 과도한 침해에 무릎을 꿇는 것은 교회가 무기한 폐쇄되어 있게 할 것이다. 예수 그리스도의 참된 교회가 이러한 적대적 분위기 가운데 어떻게 자신을 구별할 수 있겠는가? 방법은 단 하나뿐이다. 주 예수 그리스도를 향한 담대한 충성이다.

심지어 정부가 교회에 대해 동정적인 곳에서도 기독교 지도자들은 공세적인 국가 관리의 간섭을 자주 물리칠 필요가 있었다. 예를 들어 칼빈의 제네바에서도, 교회의 관리들은 예배, 교회 정치, 교회 권징의 여러 측면을 통치하려는 시의회의 시도에 맞서야 할 필요가 있었다. 영국 국교회는 한 번도 온전히 개혁된 적이 없는데, 그 이유는 영국의 왕과 의회가 항상 교회의 일에 간섭했기 때문이다. 1662년에 청교도들은 자신의 설교단에서 추방당하였다. 그들이 공동기도서를 사용하며, 성직자 가운을 입으며, 국가가 통제하는 예배의 의식적 측면들을 수용하라는 정부의 지시에 따르길 거부했기 때문이다. 영국의 왕은 아직도 자신이 영국 국교회의 최고 통지자이자 명목상 머리임을 주장하고 있다.

다시 말하지만, 그리스도는 그분의 교회의 유일한 참 머리이시다. 그리고 우리는 우리의 모든 모임 안에서 그 중요한 진리를 영예롭게 하려고 한다. 이런 현저한 이유로 우리는 정부 관리가 우리 교회에 부과하는 침범적 제한을 받아들일 수 없으며 거기에 무릎 꿇지 않을 것이다. 우리는 이러한 반응을 악의 없이 제출한다. 그리고 다투는 마음이나 반항하는 마음으로서가 아닌(딤전 2:1-8; 벧전 2:13-17), 그분이 맡기신 귀한 양 떼의 목자인 우리의 책임에 대해 주 예수께 보고해야 한다는 엄숙한 인식 가운데 제출하는 바이다.

우리는 사도의 말을 빌려 정부 관리들에게 존경심을 담아 말한다. "하나님 앞에서 너희의 말을 듣는 것이 하나님의 말씀을 듣는 것보다 옳은가 판단하라"(행 4:19). 그리고 그 질문에 대한 우리의 망설임 없는 대답은 사도의 대답과 동일하다. "사람보다 하나님께 순종하는 것이 마땅하니라"(행 5:29).

우리는 수세기 동안 그리스도인들이 해왔던 것처럼 모든 신실한 회중이 우리 주님께 순종하는 가운데 우리와 함께하길 기도한다(이상은 입장문 전문의 번역문임—편집주).

"왜 초기의 정부 명령에 대해서는 로마서 13장과 베드로전서 2장을 언급하면서 복종했는가?"라는 질문에 대한 답변(입장문 뒤에 첨부된 내용임—편집주)

그레이스 커뮤니티 교회의 장로들은 정부의 초기 명령에 대해

숙고하였고 정부와 상관없이 그것에 찬성했다. 그렇게 결정한 것은 국가가 교회 예배의 시기와 여부와 방식을 지시할 권한을 가지고 있다고 믿어서가 아니다. 명확히 하자면, 우리는 정부의 원래 명령들도 교회적 문제에 대한 국가 권세의 위법한 침범이라고 믿는다. 그러나 우리는 이 바이러스의 진정한 심각성을 알 수 없었고, 우리 주님께서 염려하시듯 사람들에 대해서 염려하였기 때문에, 우리는 심각한 전염병에 맞서 공중의 건강을 보호하는 것이 그리스도인 및 시민 정부의 바른 대처라고 믿었다. 그래서 우리는 정부의 최초 권고 사항을 자발적으로 이행했다. 그리스도인이 질병이나 공중 건강에 대한 임박한 위협과 맞닥뜨린 경우에 성도의 모임을 일시적으로 삼가는 것은 물론 적법한 것이다.

아주 강력한 봉쇄 조치가 실시되었을 때, 그것은 "감염자 수 곡선을 완만하게" 하기 위한(그들은 감염률을 낮추어 병상이 가득차지 않길 원했다) 단기간의 임시적 조치로 여겨졌다. 그리고 사망자 수에 대한 끔찍한 예측 결과도 있었다. 목사인 우리들은 이러한 요소들을 고려하여 교회를 향해 발해진 가이드라인을 준수함으로써 정부의 대책을 지원했다.

그러나 우리는 세속 정부에 우리의 영적 권위를 양도한 것이 아니다. 우리가 처음부터 말한 것처럼, 만약 제시된 목표를 달성한 후에도 모임에 대한 제한 조치가 지속되거나, 정치가들이 과도하게 교회의 문제에 관여하거나, 보건 당국이 교회의 사명을 약화

시키는 일을 시도하는 규제를 도입한다면, 우리의 자발적 순응을 변경할 수 있다고 하였다. 우리는 책임의 부담을 느끼며 모든 결정을 내렸다. 우리는 풍성한 돌봄과 합리성 안에서 행하고자 하는 갈망에서(빌 4:5), 보건 당국의 우려를 지지하고 우리 교회 멤버들 가운데 존재하는 동일한 우려를 수용하기 위해 초기의 기회들을 사용했다.

그러나 우리는 이제 20주 이상 변함없는 규제 가운데 놓여 있다. 사망자 수에 대한 초기의 예측 결과가 잘못되었다는 것과 바이러스는 초기에 두려워하던 정도의 위험성과는 거리가 멀다는 것이 명백해졌다. 우리 교회가 평범한 방식으로 모일 수 없는 상태로 대략 한 해의 40퍼센트 정도가 흘러갔다. 자신의 양 떼를 목양하는 목회자의 능력은 심각하게 축소되고 있다. 교회의 일치와 영향력은 위협을 받고 있다. 신자들이 서로를 향해 사역하고 섬기는 기회는 실종되었다. 곤경과 두려움과 고통과 병약함 가운데 처해 있거나, 교제와 격려가 절실히 필요한 그리스도인들의 고난은 합당한 수준 이상으로 확대되었다. 2021년에 계획되었던 주요 공적 행사들은 이미 취소되었다. 이것은 관리들이 다음 해와 그 이후로도 규제를 지속할 것을 준비 중이라는 신호이다. 이런 상황 가운데 교회는 선택에 기로에 서 있으며 주님의 명백한 계명과 정부 관리 사이에서 한쪽을 택해야 한다. 그러므로 우리는 우리 주 예수 그리스도의 권위를 따르며 그분께 순종하길 기쁘게 택하는 바이다.

2부
전후 상황 설명

이 장에서는 그레이스 커뮤니티 교회가 앞서 발표한 입장에 따라 어떻게 정부의 집회금지 규정에 반하여 현장 예배를 재개했는지 사례를 살펴보고 이에 대한 반론과 교회의 답변을 들어보겠다.

캘리포니아주에선 2020년 3월 19일, 주민들의 외출을 전면 금지하는 자택 대피령^{shelter in place}을 내렸다. 미국에서 첫 환자가 나온 지 두 달 만에 확진자 13,133명, 사망자 193명이 발생했을 때이다.[2] 그레이스 커뮤니티 교회는 3월 15일부터 온라인 예배를 드리기 시작했는데, 트럼프 대통령이 13일에 국가비상사태를 선포하고, 15일 주일을 '국가 기도의 날'로 선언하여,[3] 모든 국민들에게 함께 기도할 것을 요청한 바로 그 주일이었다. 당시 코로나19 바이러스의 위험성과 전염성은 확실하게 밝혀지지 않았고 미국 질병통제예방센터에서는 8주간 50명 이상 모이는 행사를 열지 말라고 권고했다.[4]

---

2. KBS NEWS 2020년 3월 20일자 기사 "미국 코로나19 1만3천 명 넘어…캘리포니아 자택 대피령". 2020년 10월 11일 CoronaBoard에서 집계한 미국 확진자 수는 7,945,945명, 사망자는 219,291명이다.

3. 연합뉴스 2020년 3월 16일자 기사 "트럼프, 코로나19 국가 기도의 날 선포하고 온라인 예배"

4. 조선일보 2020년 3월 16일자 기사 "美 CDC '50명 이상 모임, 8주간 금지'…통행금지·영업제한 대폭 강화"

3월 15일부터 시작된 온라인 예배는 5월 17일까지 10주간 지속되었는데, 정기 집회 외에도 그레이스 커뮤니티 교회는 매주 교회학교를 온라인으로 운영하고 존 맥아더 목사의 주중 메시지나 [5] 질의응답[6], 인터뷰 영상[7] 등을 제공했다. 그러다가 교회는 5월 22일 새로운 기점을 맞이했다. 뉴섬 주지사는 캘리포니아주에서 바이러스 확산 위험이 낮다는 이유로 5월 8일부터 필수적인 활동 재개를 순차적으로 허용했다.[8] 그러나 교회의 현장 예배는 계속해서 허용하지 않았고, 이에 대해 반발이 일어났다. 그러자 5월 22일에 트럼프 대통령은 교회는 필수 서비스 제공 장소라고 말하며 주지사들에게 교회 건물 재개방을 허용할 것을 강력하게 촉구했다.[9] 그레이스 커뮤니티 교회의 담임목사인 존 맥아더 목사는 대통령의 리더십에 대한 반응으로 현장 예배를 시행하겠다고 알렸다. 우려하는 성도들에게 마스크 착용은 필수가 아니며, 안심할 수 있는 곳에서 예배할 수 있도록 여러 장소를 준비하겠으며, 주의 만찬을 나눌 때 염려하지 않도록 새로운 방식으로

---

5. Grace Community Church, 2020년 4월 1일 주중 메시지.

6. Questions & Answers with John MacArthur, Vimeo, 2020년 4월 19일.

7. Thinking Biblically About the COVID-19 Pandemic: An Interview with John MacArthur, Youtube, 2020년 4월 23일.

8. 머니투데이 2020년 5월 5일자 기사 "캘리포니아주, 8일부터 봉쇄 완화⋯경제활동 재개"

9. 서울경제 2020년 5월 23일자 기사 "트럼프 '교회는 필수 서비스 제공 장소⋯지금 당장 문 열라'"

하겠으며, 증상이 있거나 염려되는 사람은 오지 않아도 된다는 등의 안내를 했다.[10]

하지만 5월 24일 주일 현장 예배는 결국 시행되지 못했다. 5월 22일 금요일 제9 항소법원Ninth Circuit이 캘리포니아 주지사 뉴섬의 자택 대피령을 지지하고 종교모임 개시를 금지했기 때문이다. 그레이스 커뮤니티 교회는 이 결과에 동의하지 않았다. 존 맥아더 목사는 코로나19 바이러스가 처음에 예상한 정도만큼 심각한 수준이 아니라고 말했으며, 봉쇄령이 가져오는 경제적, 정신적, 영적 손해가 더 크다고 말했다. 상황이 진행되는 것을 볼 때 종교 기관이 불공평한 대우를 받고 있고 심지어 탄압 대상이 되고 있다고 말했다. 이는 캘리포니아주가 낙태 시술 병원, 마리화나 판매점, 주류점을 필수 서비스 제공 장소로 인정하면서 교회는 위험 장소로 분류하여 모이지 못하게 했기 때문이다. 하지만 존 맥아더 목사는 법원의 결정이 곧 캘리포니아주의 법이며 하나님께서 주권적인 뜻을 이루시도록 기쁨으로 그 법에 순종하기 원한다고 말했다.[11] 캘리포니아주는 다음 날인 25일 건물 수용인원의 25%, 최대 100명 이하로 제한된 현장 예배를 허락하는 방침을 발표했

---

10. THE WAY OF IMPROVEMENT LEADS HOME, May 24, 2020. "Now John MacArthur's Grace Community Church WILL NOT Open Tomorrow."

11. gracechurch.org, May 23, 2020. "Ninth Circuit Court Rules Against the President and Churches."

다.[12]

방침에 따라 현장 예배를 드리고 있던 중 완화되는 것처럼 보였던 코로나19 바이러스는 재확산되었고, 캘리포니아주는 7월에 2차 봉쇄령에 들어갔다. 뉴섬 주지사는 교회 실내 예배도 13일부터 중단할 것을 요구했다.[13] 하지만 2주 정도가 지난 24일 그레이스 커뮤니티 교회는 앞에 실린 입장문을 발표했고[14], 바로 26일부터 주일 현장 예배를 재개했다.[15] 그때부터 시작된 주정부와의 법정 싸움은 현재까지 지속되고 있고 그레이스 커뮤니티 교회는 현장 예배를 계속해서 시행하고 있다.

존 맥아더 목사는 폭스 뉴스 터커 갈슨 투나잇Tucker Carlson Tonight[16]과 CNN[17], 라디오 방송[18] 등 다양한 인터뷰[19]를 통해 현장 예배를 고집하는 몇 가지 이유를 설명했다. 첫째, 코로나19 바이러스가 생각만큼 심각한 질병이 아니라는 것이다. 존 맥아더 목사는

---

12. 크리스천투데이 2020년 5월 27일자 기사 "美 캘리포니아주 '모든 교회에 현장 예배 허용'"

13. 크리스천투데이 2020년 7월 14일자 기사 "美 캘리포니아주지사, 현장 예배 다시 중단 명령"

14. gracechurch.org. "Christ, not Caesar, Is Head of the Church."

15. Grace Community Church, 2020년 7월 26일 주일 설교.

16. https://youtu.be/PpwVdCbpdBU

17. https://youtu.be/Tv7iGxqfiAo

18. https://youtu.be/dyOV6tngT8U

19. https://youtu.be/AyZjLN7q15I

인구 대비 사망률을 생각해보면 캘리포니아에서 생존할 확률이 99.98%이며 이 정도의 질병 때문에 주 전체를 봉쇄하는 것은 합당하지 않다고 말했다. 둘째, 교회의 필수적인 사역의 피해가 엄청나다는 것이다. 반년 이상 주일학교, 구제 사역, 장애인 사역, 결혼식, 장례식, 병원 사역 등을 하지 못하게 막는 것은 여러 세대가 신앙과 삶을 공유하는 교회 구성원과 이웃에게 사회적, 정신적, 영적으로 큰 피해를 가져다준다고 말했다. 셋째, 법적인 문제에 있어서 교회의 예배는 수정헌법 제1조의 보호를 받기 때문에 그 어떤 법률도 이를 제한할 수 없다는 것이다.[20] 마지막으로 존 맥아더 목사는 성도들이 교회에 출석한 것은 교회의 강요에 의한 것이 아니라 매주 조금씩 자발적으로 참석하기 시작한 성도들이 수천 명에 달한 것이라고 인터뷰마다 강조했다. 실제로 그레이스 커뮤니티 교회는 출석을 강요하지 않으며 염려하는 성도를 위한 배려를 하고 있다(온라인 예배 제공, 스크린을 통해 예배드릴 장소 제공 등).

몇 가지 흥미로운 반론이 여러 인터뷰를 통해 제기되었다. 첫째, 정부의 방침을 어기면서 현장 예배를 드리는 것만이 하나님의 법에 순종하는 것은 아니지 않느냐는 것이다. 실제로 많은 교회가 정부 방침에 따라 인원 수 제한을 두고 몇 부로 나눠 예배를 드리거나 야외 공간을 이용하여 사회적 거리두기를 실천하면서 예배

---

20. "연방의회는 국교를 정하거나 또는 자유로운 신교 행위를 금지하는 법률을 제정할 수 없다."

를 드리고 있는데, 그레이스 커뮤니티 교회는 코로나 사태 이전의 현장 예배와 똑같이 드리고 있기 때문에 한 질문이었다.[21]

이에 대한 존 맥아더 목사의 대답은 그렇게 시도해봤지만, 한계가 있다는 것이다. 그레이스 커뮤니티 교회는 교회 마당 중앙에 대형 천막을 설치하여 천여 명의 성도가 참석할 수 있게 하거나 대형 스크린을 통해 예배 실황을 볼 수 있게 해봤지만 제한 숫자를 훨씬 넘는 성도가 계속해서 더해지면서 결국 예배당을 열 수밖에 없었다고 말했다. 다른 인터뷰 영상에서 존 맥아더 목사는 교회가 참석자 명단을 작성하고 숫자를 제한하고 거리를 두고 마스크를 벗지 못하게 통제하는 등 지침에 따른 집회를 몇 주간 지속하면서 현실적으로 모이지 못하게 하는 것과 별반 차이가 없다고 생각했다고 말했다.

정부는 교회의 예배를 금지하는 것이 아니라 집회를 금지하는 것으로, 온라인 예배 등 다른 방식으로 예배를 하면 질병을 예방할 수 있지 않느냐는 질문에, 존 맥아더 목사를 변호하는 제나 엘리스 특별 변호인은 정부가 트위터나 여러 방식으로 블랙 라이브스 매터 등 정치적인 시위에 참석할 것을 독려하면서 교회에 이러한 조치를 취하는 것은 이해하기 어렵다고 말했다.[22]

---

21. 그레이스 커뮤니티 교회는 코로나 이전 상황과 똑같이 마스크나 거리두기 없이 악수와 포옹을 하면서 자유롭게 예배를 드리고 있으며 성가대 찬양 및 회중 찬양도 허용한다.
22. https://youtu.be/miywFRsOlHA. Grace to You 미니스트리에서 필 존슨 목사와 나눈

두 번째 반론은 수천 명의 성도 중 누군가가 코로나19 바이러스에 걸려 집단 감염으로 이어지고 심지어 죽게 될 것이 염려되지 않느냐는 것이었다. 존 맥아더 목사는 이미 사회가 질병의 실체보다 더 큰 염려와 불안과 걱정을 계속해서 심어주고 있어서 자신은 성도들에게 염려를 표현하고 싶지 않다고 말했다. 교회에 자발적으로 참석하는 성도들은 모두 성인으로 합리적인 결정을 하고 출석하는 것이며 교회의 누구도 출석을 강요하지 않는다고 말했다. 성도의 건강과 안전을 위해 기도하고 질병이 생기면 합당한 치료와 대처를 하겠지만, 기쁨으로 모여 예배하기 원하는 성도들에게 두려움을 심어줄 생각은 없다고 말했다. 7월부터 10월까지 지속된 현장 예배에서 매주 7천여 명이 드린 예배를 통해 현재까지 확진자가 한 명도 나오지 않았다고 말하기도 했다.

세 번째 반론은 지금 상황에서 하나님을 예배하는 가치를 추구하면 ⑴ 이웃을 사랑하는 것, ⑵ 권세에 복종하는 것, ⑶ 선한 간증을 남기는 것에 해를 끼치지 않느냐는 것이었다. 존 맥아더 목사는 그레이스 커뮤니티 교회가 지난 수십 년간 지역사회와 정부, 경찰 등 세워진 권세에 순응하여 인정을 받았다는 점을 언급하면서, 다만 정부가 하나님께 속한 영역인 예배의 자유를 침범할 때는 그것을 따를 수 없다고 말했다. 법적으로 수정헌법 제1조에서

인터뷰에서 존 맥아더 목사는 정치 권력은 언제나 이슈를 권력을 사용하는 데 이용한다고 말한 바 있다.

예배의 자유를 보장하고 그 이상의 법이 존재하지 않기 때문에 권세에 복종하지 않는 것이 아니라 오히려 현재 권세를 가진 이들이 목적을 가지고 권세를 남용하는 것이라고 말했다. 국가원수인 트럼프 대통령도 교회는 필수적 서비스를 제공하는 곳이라고 하면서 예배의 자유를 보장할 것을 명령했으니 문제가 없다는 말도 했다. 또한 그레이스 커뮤니티 교회는 그동안 이웃에게 사랑과 봉사를 퍼뜨렸지 그 어떤 질병을 퍼뜨린 적이 없다고 말했다. 교회가 이웃에게 전달하는 복음의 가치를 생각할 때 오히려 그것을 금하는 것이 이웃 사랑에 실패한 것이라 말할 수 있으며, 교회는 지역사회를 여러 가지 방법으로 돌보고 섬겨 왔는데(구제, 후원 등) 치사율 0.02%의 질병을 가지고 정부가 교회 문을 닫아 버리는 것에 따르지 않는다고 해서 이웃을 사랑하지 않는다고 말하거나 이웃에 대한 증거가 흐려진다고 보는 것은 어불성설이라는 것이다. 실제로 LA시에서 교회가 45년간 사용했던 주차장을 사용할 수 없도록 계약을 만료했을 때 그레이스 커뮤니티 교회 이웃 회당에서 자기들 주차장을 자유롭게 사용하도록 허락해준 것을 보면 그레이스 교회가 코로나19 사태로 이웃에게 해를 끼치고 있다고 느끼는 것 같지는 않다.

LA시는 교회에 접근 금지 명령과 2만 달러 벌금을 내리기 위해 법원에 여러 차례 신청했지만 거부되었고, 코로나 표지판 조례 위반으로 1천 달러 벌금을 부과하고, 매일 1천 불을 지급할 것을 요구하기도 했다. 또한, 존 맥아더 목사에게 최대 6개월 감옥에 가두겠다는 위협도 했다. 하지만 그는 50년 이상 목회를 하면서 감옥 사역을 해본 적이 없으니 자기를 감옥에 억지로 가둔다고 해도 문제 될 것이 없다고 말하면서 사도 바울처럼 감옥에서도 하나님의 복음을 전하겠다고 선언했다.

미국은 법치 국가이기 때문에 헌법보다 더 큰 권위가 없다. 실제로 그레이스 커뮤니티 교회는 여러 가지 법정 공방에서 이 부분에 우위를 점하고 있다. 예배의 자유는 헌법이 보장하는 최우선의 가치를 갖기 때문이다. 캘리포니아 주정부는 특별 법령이 예배의 자유를 침해한 것이 아니라 국민의 생명을 위협하는 질병으로부터 국민을 보호하기 위함이라는 것을 밝혀야 하는데, 코로나19 바이러스가 정말 그만큼 심각한 치명적인 질병인지와 형평성 있는 통제를 하고 있는지 여부가 재판의 결과에 크게 영향을 미칠 것으로 보인다.

한편 미국에서는 여러 교회가 현장 예배 복귀를 시도하고 있고[23], 정부를 대상으로 예배의 자유를 보장할 것을 요구하는 법적 절차를 밟은 교회도 적지 않다.[24] 이러한 결정을 내리는 데 있

---

23. 크리스천투데이 2020년 9월 18일자 "미 교회 87% 현장 예배 복귀… 헌금도 점차 회복세"

24. Christianity Today, Oct. 10, 2020. "Court: Mark Dever's Capitol Hill Baptist Can Resume DC Worship." 국내에 잘 알려진 저자 마크 데버 목사의 캐피톨힐 뱁티스트 교회이다.

어 국민 여론이나 성도 개개인의 입장도 매우 중요한 요인으로 작용한다. 미국 그레이스 커뮤니티 교회의 결정이 큰 이슈를 만들긴 하였으나 사회적으로 큰 문제거리가 되지 않은 이유는, 코로나 바이러스의 위험성에 대한 각자의 생각이 다를지라도 국민 대부분이 헌법이 보장하는 본질적 가치를 인정하고 교회의 영적, 사회적, 정신적 유익을 인정하고 있기 때문이며, 특히 성도들이 교회의 권면이나 요구가 아니라 자발적으로 예배에 참여하기를 간절히 원하고 있기 때문이다. 여론과 정치 집단이 만들어 낸 여러 음모들에 쉽게 흔들리지 않는 것도 이같은 결정이 가능했던 이유라고 생각한다.

║ 점검 및 적용 ║

- 국가가 교회적 권위를 행사하려 할 때 이에 순응하는 것이 성경적 의무인가?
- 위정자들이 교회 참석 인원을 일정 수로 제한할 때, 그러한 제한은 성도들이 교회로서 모이는 것을 불가능하게 하는가?
- 국가, 교회, 가정 중 어느 하나가 다른 기관의 권위를 침범하려 할 때, 다른 기관들은 어떤 일을 해야 하는가?
- 역사상 교회의 예배가 가이사에게 종속된 적이 있는가?
- 그레이스 커뮤니티 교회가 주장하는 권리는 헌법에 의해 비로소

창설된 것인가?

- 정부의 인원 수 제한 규제는 원칙적으로 어떤 성경의 명령에 따르는 것을 불가능하게 만드는가?

6장

교회 셧다운에 대한 신학적 검토

이상규

2019년 11월 중국 우한武漢에서 발원한 바이러스COVID-19가 심각한
문제를 야기하고 있다. 이것은 단지 질병의 문제이거나 집단 감염
혹은 역병에 의한 치사致死의 문제만이 아니라 우리 사회 전반에
영향을 주고 있다. 개인은 물론이고 국가 경제에 어려움을 가져왔
고, 사회적 불안이 조장되고 있다. 무엇보다도 함께 어울려 사는
집단 사회구조를 비대면 사회로 만들었고, 비대면적 구조를 새로
운 정상으로 받아들이는 이른바 뉴노멀 사회를 만들어 가고 있다.
이런 비대면 구조는 종교생활에도 영향을 주고 있어, 정기적인 집
회나 종교 활동이 제약을 받고 있다. 특히 모이기를 힘썼던 초기
기독교 공동체의 모범이나(행 2:46) "모이기를 힘쓰라"(히 10:25)는 권
면에도 불구하고, 기독교인들은 모이기를 자제하도록 요청받고
있다. 방역을 이유로 개인의 자유가 침해되고 있고 국가의 공권력

이 과도하게 행사되기도 한다. 심지어는 교회 집회에 대해서도 행정명령이라는 이름으로 집회를 제한하거나 금지하고 있다. 이런 오늘의 현실에서 국가권력이 교회 집회에 대해 간섭하거나 제한할 수 있는지 의문이 제기되고 있다. 이 글에서는 우선 방역이라는 이름으로 행해진 교회에 대한 집회 제한 혹은 금지 사례를 정리한 후, 위의 질문에 대해 '역사의 거울'에 비추어 답해보고자 한다.

정부기관의 현장 예배 금지 및 집회 제한

2020년 7월 8일, 중앙재난안전대책본부 회의에 참석한 정세균 총리는 사찰이나 성당 등과는 달리 기독교회에 대해서만 핵심방역 수칙을 의무화한다고 발표하고, 7월 10일부터 "교회의 정규예배 이외의 각종 모임과 행사, 식사 제공이 금지되고 출입명부 관리도 의무화한다."고 발표했다.[1] 그리고 예배시에 찬송과 통성 기도를 지양하라고 했으며 이를 위반할 경우 3백만 원 이하의 벌금과 집합금지 조치가 시행될 수 있다고 했다.[2] 교회 밖에서는 사람들이

---

1. 코로나19와 관련한 정부 여당의 2020년 7월 이전의 대 기독교 행정조치에 대해서는 이상규, "국가권력은 종교문제에 개입할 수 있는가?"《교회통찰》255-256p를 보라(세움북스).
2. 목양신문 2020년 9월 29일자 기사 "제재 조치는 교회만 적용!!"

서로 어울려 식사하고 담소를 나누는 현실에서, 교인들끼리 식사하는 것을 금지하는 것은 논리적이지도 않고 형평성을 잃은 조치라고 할 수 있다. 이런 조치가 기독교회에 대한 탄압이라는 비난이 일자, 2주 후인 7월 22일 중앙재난안전대책본부 회의에서 국무총리는 24일부터 교회 방역강화 조치를 해제한다고 발표했다. 그러나 상황에 따라 지방자치단체별 행정조치가 가능하다고 했다. 이런 상황에서 7월 13일 경기도 구리시는 종교시설 관리자 및 이용자가 방역수칙을 위반하는 것을 신고하는 신고자에게 포상금을 지급하겠다는 공문을 시장 명의로 보낸 일이 있다. 또 14일에는 순천, 울산 등 다른 지자체도 포상 제도, 신고 제도 도입을 발표했다. 그런가 하면 전국 초중고 가정통신문에 '코로나 예방을 위한 방역 강화 안내'를 하면서 교회만 특칭하여 집단 감염 집단으로 오인하도록 만들고 잠재적 가해자로 간주했다. 그 당시(7월 9일자)의 국내 코로나 확진자는 전체 13,293명이었고, 그 가운데 교회 관련 확진자는 300명대 수준으로 전체 확진자 대비 2.3%에 지나지 않았고, 전체 기독교 인구 970만 명에 비하면 극히 소수에 불과했다. 그럼에도 교회만 언급하고 포상 제도까지 끌어들인 발상은 국민에게 교회에 대한 불만과 불신을 야기하는 일이었다.

그러다가 8월 휴가철 이후 코로나 확진자가 증가하자, 정부는 그 수치 증가와 교회 모임과의 관련성에 대한 과학적 검토도 없이 8월 19일 0시를 기해 서울과 수도권의 모든 교회는 온라인 예배만 드리게 했고, 각종 소모임을 전면 금지했다. 종교의 자유와 집회의 자유를 제한한 것이다. 이에, '정부의 교회 정규예배 이외 행사 금지를 취소해 달라'는 취지의 국민청원이 올라왔고, 총 42만 7,470명이 서명했으나, 청와대는 "국민의 건강과 안전을 위해 불가피하게 하는 것"이라며 철회할 수 없다고 했다.

이런 와중에 8월 23일 주일, 경남 함양군 서상면의 두 교회에서는 주일 예배에서 기도하거나 설교를 하고 있는 도중에 공무원이 찾아와 교회 온라인 예배전환 행정명령서를 전달하고 서명을 요구하는 등 예배를 방해한 사건이 발생했다.[3] 8월 27일에는 청와대에서 16인의 한국 교회 지도자들과 문재인 대통령과의 간담회가 개최되었는데, 이 자리에서 대한예수교장로회 통합 총회장인 김태영 목사는 정부가 교회나 사찰, 성당 같은 종교단체를 영업장이나 사업장 취급을 하지 말아줄 것을 요청하고 종교의 자유를 너무 쉽게 제한하거나 예배 중단을 명령해서는 안 된다고 했다.[4]

9월 1일에는 전 세계 57개국 266개 인권단체들이 "한국 정부가 코로나19 대응 과정에서 교회를 희생양으로 삼고 있다"며 문

---

3. 한국기독신문 2020년 8월 27일자 기사 "경남 함양 공무원들, 예배 중 방문해 행정명령서 전달"

4. 국민일보 2020년 8월 27일자 기사 "대통령 요청에도…한교총 '종교는 목숨, 예배 취소 못해'"

대통령 앞으로 항의 서한을 보냈다. 이들 인권단체들은 성명에서 "최근 수개월 동안 문재인 대통령을 비롯한 한국 정부는 코로나 19 확산의 원인에 대한 책임을 교회에만 돌리고 있다."고 항의했다.[5]

한동안 예배당 크기와 상관없이 20명 미만만 예배당 입장이 허용되어 왔으나, 9월 27일부터 300석 이상 예배실을 보유한 경우 최대 50명까지 현장 예배 참석이 가능하도록 완화되었다. 그러나 온라인 예배 해제 조치는 허락하지 않았다. 300석 이상을 보유하지 못한 교회는 현장 예배 허용 인원이 여전히 20명 미만으로 제한되었다.[6]

'샬롬을 꿈꾸는 나비행동'은 9월 21일 발표한 논평에서, "정부는 코로나 방역 실패와 재확산 책임을 방역에 협력하는 한국교회에 전가하지 말라"며 "온라인 예배를 강제한 정부의 조치는 부당하다"고 주장했다.

국가기관의 종교 집회 제한은 정당한가

그렇다면 국가기관이 종교의 자유에 속하는 예배의 자유를 제한

---

5. 목양신문 2020년 9월 26일자 기사 "대면 예배 금지는 종교의 자유 탄압"

6. 크리스천투데이 2020년 9월 23일자 기사 "27일부터 예배 참석 자격 제한 해제…비대면 원칙은 여전"

하거나 금지할 수 있는가? 이 점을 교회사를 참고하여 검토하되, 교회와 국가의 관계를 통해서, 그리고 정교분리론의 관점에서, 마지막으로 저항권의 관점에서 검토해보고자 한다.

교회와 국가

교회와 국가, 혹은 국가와 교회 간의 문제는 오랜 역사를 지닌 난해한 문제였다. 지난 2천 년간 세속권*Regnum*과 교황권*Sacerdotium*은 타협과 제휴, 갈등과 대립을 겪으면서 고심했고, 결과적으로 네 가지 형태의 교회-국가 간의 관계를 보여주었다.

첫째는 **교회와 국가의 통합론**unity이다. 이런 형태는 4세기 이후 크리스텐덤 시대의 국가와 교회라고 볼 수 있다. 이때, 교회는 국가와 상호 결합되어 있어 교회의 정체성이 분명하지 못했다. 이런 형태를 가장 극렬하게 반대한 그룹이 재세례파였다. 이런 형태는 교회를 속화시키고 참된 교회가 되지 못하게 하는 형태인 동시에, 국가도 본래의 신적 기원에서 이탈하는 것이라고 보았기 때문이다.

둘째는 **교회와 국가의 배타적 분리론**total separation이다. 이것은 교회와 국가의 완전한 분리를 주장하는 입장이다. 앞서 언급한 통합론과는 정반대 입장인데, 이것은 국가 정치에 대한 교회의 무관심을 의미하며, 교회는 정치 문제에 관여하지 말아야 한다는 재침례파의 입장이었다.

셋째는 **교회 지상주의**clericalism이다. 이것은 국가를 교회의 일부로 보고 국가에 대한 교회의 우위를 주장한다. 즉, 교회가 국가 위에 군림할 수 있다는 주장으로서 이를 교황주의라고 부르기도 한다. 그래서 교회가 시민사회에 대해서도 권위civil authority를 행사할 수 있다고 주장한다.

넷째는 **국가 지상주의**erastianism이다. 이것은 교회를 국가의 일부로 보고 국가가 교회를 지배할 수 있다고 주장한다. 이런 입장을 "에라스티안주의"라고 부르기도 하는데 그것은 스위스의 철학자 에라스투스Thomas Erastus의 견해에서 비롯되었기 때문이다. 이것은 교회에 대한 국가의 우위를 주장하며, 국가가 교회 문제에 개입하거나 긴섭할 수 있다고 주장한다. 영국 교회(성공회)가 이런 입장을 따랐다고 볼 수 있다.

그런데 16세기 개혁자들은 이상의 4가지 유형의 교회-국가관은 성경적이지도 않고 합리적이지도 않다고 보았다. 교회와 국가의 완전한 분리를 주장하는 분리 모델도 이상적이지 못하지만, 중세 교회의 경우처럼 국가와 교회의 경계선을 헐어버린 제휴나 연합도 바람직하다고 보지 않았다. 또한, 국가가 교회를 지배하거나 반대로 교회가 국가를 지배하는 형태도 이상적이지 않다고 보았다. 그래서 개혁자들은 국가와 교회 간의 바른 관계를 설정하려고 고심했는데, 이는 교회를 위해서도 필요한 일이지만 국가를 위해서도 필요한 일이라고 보았다.

그 결과, 개혁자들은 각기 자신의 교회-국가관을 피력했다. 루터나 츠빙글리 그리고 칼빈 간에 작은 차이가 있지만 동일하게 인정하는 바는 다음과 같다. 첫째, 교회와 국가는 하나님이 제정하신 기관이지만, 각기 다른 기능과 역할을 담당하는 신적 기관이다. 둘째, 국가는 하나님이 제정하신 선한 기관이며, 국가기관의 위정자들은 하나님이 세우신 대리자로서 하나님이 주신 직무를 수행해야 하고, 백성들은 그들에게 순복해야 한다. 셋째, 국가는 참된 종교와 종교생활을 공적으로 보존해야 한다. 세 번째 사항은 국가기관의 사명 내지 역할을 규정한 것이다.

좀 더 부연하면, 루터는 두 왕국론을 말했다. 루터는 왼쪽 왕국, 곧 국가는 평화를 유지하고 죄를 벌하고 악인을 견제하기 위하여 필요하다고 보았다. 칼빈은 루터와 마찬가지로 "두 왕국"duplex...regimen 개념에 근거하여 교회와 국가 간의 관계를 이해했는데, 영적인 정부인 교회는 물론이고, 세속적인 정부인 국가도 하나님이 세우셨다고 보았다. 하나님이 세우신 세속적 정부는 두 가지 기능을 지니는데, 첫째는 참된 종교를 보호하고 하나님의 의를 증진시키는 일이며, 둘째는 백성의 복지를 도모하고 증진시키는 것이라고 보았다. 칼빈은 이렇게 말한다.

시민정부의 목적은 우리가 사람들 가운데 살아가는 동안 하나님께 드리는 외적인 예배를 지원하고 보호하며, 경건에 대한 건전한 교

리와 교회의 위치를 변호하며, 우리의 삶을 사람들의 사회에 적응
시키며, 우리의 시민적 관습을 시민적 의에 따라서 형성하며, 우리
들 서로 간에 화목하게 하며, 공공의 평화와 안정을 육성하는 데 있
다.[7]

즉, 정부는 하나님께 대한 외적인 예배를 소중히 여기고 보호
하며 경건에 대한 건전한 교리와 교회를 방어하고…평화와 안정
을 진작시키는 것이 그 목적이라고 말한다.[8] 한마디로 말해서 정
부의 기능은 "참 종교를 공적으로 보존하고 인간성이 유지되도록
히는 것"이리고 말한다.

이상과 같은 개혁교회 전통에서 볼 때, 그리고 국가의 교회 지
배권을 인정하지 않는 근대사회 개념에서 볼 때, 국가권력이 예배
의 자유를 제한하거나 금지하는 것은 정당하다고 할 수 없다. 교
회의 예배나 집회는 교회의 권세에 속한 영역이고, 국민의 생명과
재산을 보호하는 일은 국가의 권세에 속한 영역이기 때문이다. 하
나님의 것은 하나님에게, 가이사의 것은 가이사에게 돌리는 원칙
에 따라, 우리는 예배 모임에 대한 국가의 명령에 대해 복종할 의
무가 없다.

---

7. 《기독교강요》, 4.20.2, 817. 문병호 역, (생명의말씀사).
8. 같은 책, 4.20.3.

다만 코로나19와 같은 특수 상황에서 국가의 권세에 속한 국민의 생명, 건강 보호의 의무(물론 국가는 이를 통해 하나님께 대한 외적인 예배를 보호하며, 경건에 대한 건전한 교리를 변호하고, 공공의 평화와 안정을 육성하는 목적을 달성한다)와 교회의 권세에 속한 영역이 충돌할 경우는 어떻게 할 것인지의 문제가 대두된다. 이 경우, 교회의 일에 대한 권세는 교회에게 있다는 원칙이 우선적으로 적용되어 국가가 일괄적으로 교회의 권세에 속한 영역을 침범하여 규제할 수 없다. 다만 어떤 교회에서 대량의 집단 감염이 발생하는 등 사후적으로 큰 문제를 일으켰을 때, 해당되는 교회에 한하여 매우 제한적인 국가권력의 개입이 인정된다고 할 수 있다.

이 점은 국가와 가정 간의 관계에서도 마찬가지이다. 교육 제도를 수립하고 학교를 세우는 일은 국가의 의무라고 할 수 있지만, 국가는 부모의 자녀양육이나 가정사에 사전적, 일괄적으로 개입하지 않는 것이 원칙이다. 가정의 권위는 부모에게 있으며 그 권위를 존중하는 것이 원칙이기 때문이다. 국가는 아동 학대 등과 같은 예외적이고 특별한 상황이 발생한 경우에 한하여 사후적으로 그 가정에 한하여 개입할 수 있다.

다시 말하지만, 국가는 교회의 예배나 집회에 대해서 일괄적으로 간섭하고 규제할 수 없으며 이것은 교회가 자신의 권위에 따라 스스로 결정할 문제이다. 다만 국민의 생명을 실제적으로 위협하는 중대한 사건이 발생한 경우에 한해서 필요한 최소한도의 국가의 개입이 인정된다고 할 수 있다. 따라서 교회는 자신의 권세에 속한 예배 모임의 시행 여부를 국가의 권세에 넘겨주어서는 안 되며, 스스로 최대한의 지혜를 발휘하여 합당한 판단을 하여 결정하고 실행하여야 한다.

또한, 현실적으로 국가권력기관은 현장 예배의 가치에 대한 신학적 판단을 할 수 없다. 따라서 그들은 예배 모임의 실행 여부를 결정할 자리에 있지 않다. 그들은 보건상의 가치와 경제적 가치를 비교하여 식당을 폐쇄하거나 폐쇄하지 않을 수 있다. 그들은 보건상의 가치와 경제적 가치 양자에 있어 권위를 가진 전문가이다. 그러나 보건상의 가치와 현장 예배의 신학적 가치를 비교하여 현장 예배를 허용하거나 금지하거나 제한할 자격이나 권세는 없으며 그러한 일에 적합하지도 않다. 그들은 현장 예배의 신학적 가치에 대해 무지하다. 그들은 시민적 권세에 대한 위임을 받았을 뿐이며 교회와 관련된 어떠한 신학적 가치에 대해 판단하고 그에 입각하여 교회의 일을 결정할 권세는 위임받지 않았다.

정교분리의 원칙

정교분리政敎分離라는 말은 미국 헌법이 만들어질 때 국교를 부인하는데서 시작되었지만, 이 개념의 연원은 17세기 잉글랜드의 청교도에게서 시원했다고 할 수 있다. 물론 국가권력으로부터의 종교의 자유 문제는 16세기 종교개혁기까지 거슬러 올라갈 수 있지만, 오늘 우리가 말하는 "정교분리"는 사실상 잉글랜드의 에라스티안 적인 제도에 대한 반발, 그리고 스코틀랜드의 언약도들Covenanters로 부터 기원하였다고 할 수 있다.

청교도 운동은 엘리자베스Elizabeth I(1533-1603) 치하에서 시작된 신앙 운동으로서, 영국 교회Ecclesia Anglicana(성공회)에 여전히 남아 있는 로마 가톨릭적 잔재를 제거하고 명실상부한 개혁을 추진했으나, 심각한 탄압을 받았다. 교회에 대한 국가권력의 우위를 인정하는 에라스티안적인 제도하에서 청교도들은 신앙의 자유를 누리지 못 했다. 특히 분리주의적 청교도들은 더욱 그러했다. 종교 혹은 신 앙 문제에 대한 국가권력의 과도한 침해를 경험했던 이들이 새로 운 이주지 북미 대륙에서 정교분리를 말하게 된 것이다.

17세기 스코틀랜드에서 일어난 "언약도" 운동도 국가권력의 과도한 종교 자유의 침해에서 비롯된 운동이었다. 잉글랜드의 엘 리자베스 여왕이 1603년에 사망하자 스코틀랜드의 제임스 6세 James VI는 제임스 1세라는 이름으로 잉글랜드의 왕이 되는데, 장로 교적 배경을 지닌 그가 잉글랜드의 국교회 제도를 선호하여 스코 틀랜드의 장로교를 국교회 제도로 전환하기 위해 장로교회를 탄 압하였다. 이에 대한 반발로 일어난 신앙 운동이 언약도 운동이 었다. 제임스 1세(1603-1625)에 이어 그의 아들 찰스 1세(1625-1649), 찰스 1세의 아들 찰스 2세(1660-1685), 찰스 2세의 동생 제임스 2세

(1685-1688)로 이어지는 긴 기간 동안 종교와 신앙의 자유를 유린당하고, 예배의 자유를 누리지 못하고 탄압받았던 경험이 바탕이 되어 새로운 대륙에서 정교분리를 선언하게 된 것이다. 정교분리론은 역사적 추이에서 볼 때 근본적으로 종교 혹은 신앙 문제에 대한 국가권력의 개입이나 간섭에 대한 거부에서 출발했다.

그래서 유럽인의 이민으로 이루어진 미국에서는 처음부터 정교분리를 중시했고, 새로운 정착지에서 정교분리를 통해 신교信敎의 자유를 누리고자 했다. 그 첫 사례가 1647년 5월 포츠머스에 모인 4개 처 정착지 대표들이 모여 합의한 헌법이었다. 이것이 로드아일랜드라는 단일 식민지의 기초를 놓게 되는데, 여기서 두 가지 중요한 사항을 포함시켰다. 그 첫째가 **양심의 자유**였고, 둘째가 **종교와 정치의 분리**the separation of religion and politics였다.[9] 이것은 침례파가 다수였던 이곳에서 종교의 자유를 인정하는 동시에 다른 종파에 대해서도 관용해야 한다는 결정이었다. 또한, 세속 권력의 종교 문제에 대한 간섭을 배제해야 한다는 주장이었다. 사실상 이런 사상은 로저 윌리엄스Roger Williams(1603-1683)의 영향인데, 그는 교회와 국가는 본질적으로 서로 다른 권위에서 출발하기 때문에 엄격히 분리되어야 하며, 상호 지배나 간섭이 불가능하다고 보았다. 국가는 국민이 위임해 준 범위 안에서 지위, 명예, 위엄을 지니며 민간

---

9. 정만득,《미국의 청교도 사회》274편, (비봉출판사).

업무를 담당하지만, 종교와 관련된 업무에서는 교회가 국가보다 우위에 있다고 보아 신교의 자유와 국가권력의 교회 간섭을 반대한 대표적인 인물이었다.[10]

유럽인의 뉴잉글랜드 이민과 정착으로부터 약 150여 년이 지난 1776년 7월, 13개 주 식민지가 영국으로부터 독립하게 되었다. 이때 독립선언문을 기초했던 토마스 제퍼슨Thomas Jefferson(1743-1826)은 정교분리를 3가지 측면에서 이해했다. 첫째, 세속 정부는 교회를 탄압할 수 없다. 둘째, 세속 정부는 교회에 세금을 부과할 수 없다. 셋째, 세속 정부의 수장은 교회의 수장이 될 수 없다. 제퍼슨은 신앙의 완전한 자유와 함께 국가교회 형태를 거부한 것이다.

식민지는 영국으로부터 독립한 후 국가연합의 형태로 있었으나, 1789년에는 "연합헌장"Articles of Confederation을 수정한 헌법을 비준하고 연방 정부를 수립했다. 헌법 본문에서 미흡하게 반영된 사항은 수정조항으로 보충되었는데, 1791년 권리장전Bill of Rights이 헌법에 추가되었고, 또 10개의 수정조항이 추가되었다. 1791년 12월 15일 비준된 미국의 수정헌법 제1조First Amendment는 정치와 종교에 대한 사항을 다음과 같이 규정했다.

연방 의회는 어떤 종교를 국교로 정하거나 종교의 자유로운 시행

---

10. Edward Morgan, *Roger Williams and Church and State* (1967).

을 금지하는 법률을 제정할 수 없으며 언론, 출판의 자유를 제한하거나 국민들이 평화적으로 집회할 권리와 불만의 시정을 정부에 청원할 권리를 제한하는 법률을 제정할 수 없다.[11]

우리가 말하는 정교분리론은 바로 여기서 출발했는데, 핵심은 두 가지이다. 국교를 정하거나 종교 활동의 자유를 금지해서는 안 된다는 것이다. 단순히 안 된다는 것이 아니라 그런 법을 제정해서는 안 된다는 점을 못 박고 있다. 다시 말하면 국가권력이 종교 문제, 곧 신교의 자유를 침해할 수 없다는 것을 말하는 정도가 아니라 그런 법률을 제정하는 것 자체를 금하고 있다. 이것이 수정헌법 제1조의 정신이다.[12] 미국에서 말하는 국교 금지는, 어떤 특정 신앙이나 교파가 아니라 여러 종교나 교파가 균등한 신앙의 자유를 향유하게 한다는 것이고, 성도나 교회가 정치에 관여해서는 안 된다는 것을 말하지 않고 국가권력이 종교 문제에 간섭하거나 개입해서는 안 된다는 것을 말한다. 앞서 말했지만, 이런 법률적 장치는 유럽에서 자행되었던 국가권력의 신앙 자유 제한이나 교

---

11. 원문은 다음과 같다. "Congress shall make no law respecting an establishment of religion, or prohibiting the free exercise thereof; or abridging the freedom of speech, or of the press; or the right of the people peaceably to assemble, and to petition the Government for a redress of grievance."

12. 미국에서는 1971년까지 모두 26개 조항이 수정헌법으로 채택되었는데, 헌법은 상하원 의원 3분의 2 지지와 50개 주 가운데 38개 주가 승인하면 개정할 수 있다.

회 간섭으로 인한 경험적 폐해에서 나온 금지규정이었다.[13]

종교의 자유라고 할 때 여기에는 "신앙의 자유"와 "종교 행위의 자유"가 포함된다. 종교 행위의 자유는 집회의 자유, 예배의 자유, 종교 행사의 자유, 종교 교육의 자유, 소모임의 자유 등을 포함한다. 종교적 입장에서 행하는 모든 행위는 원칙적으로 종교의 자유로 보장되는 것이다. 이상과 같은 점을 고려해볼 때 국가권력이 집회를 금지하거나 예배를 제한하거나 제재하는 것은 정교분리의 원칙에 어긋날 뿐만 아니라 종교의 자유에 대한 침해라고 할 수 있다.

저항권 사상

저항권Right of resistance 사상이란, 국가권력이 공권력을 동원하여 성경의 가르침에 명백하게 위반되는 것을 요구하거나 강요할 때, 이에 대해 저항할 수 있다는 것이다. 이 사상은 중세 유럽 사회의 법체계에 기초를 두고 있지만 사실상 16세기 종교개혁자들을 통해 제시되어 근대적인 개념으로 전개되어 왔다. 이와 관련하여 다음과

---

13. 오늘날의 거의 대부분의 성문 헌법 국가에서 종교의 자유를 보장하는 규정을 가지고 있고, 1948년에 국제연합 총회에서 채택된 세계인권선언, 1966년에 채택되고 1967년부터 발표된 '시민적 정치적 권리에 관한 국제규약'(ICCPR)에서도 종교 자유의 규정을 두고 있다. 우리나라도 1948년의 건국헌법에서부터 종교의 자유와 정교분리를 규정하고 있고, 자구와 표현상의 약간의 수정을 거쳐 오늘에 이르고 있다.

같이 3개의 성경 본문이 주로 인용된다. "가이사의 것은 가이사에게, 하나님의 것은 하나님께 바치라"(마 22:21)는 말씀은 정치와 종교의 경계를 분명히 하는 말씀이고, "각 사람은 위에 있는 권세들에게 복종하라"(롬 13:1)는 말씀은 하나님이 세우신 위정자들에게 복종하라는 가르침이고, "사람보다 하나님께 순종하는 것이 마땅하니라"(행 5:29)는 말씀은 그럼에도 불구하고 명백하게 하나님의 말씀에 위배될 경우에는 저항할 수밖에 없다는 가르침으로 이해해 왔다.

루터는 하나님의 왼손 왕국인 세속권에 대한 복종의 의무를 강조했지만 무조건적인 복종을 가르치지 않았다. 세속권은 영생의 법을 가지고 있지 않기 때문에 정부가 신앙에 반하는 요구를 할 경우에는 저항할 수 있다는 점을 말했고, 루터파의 아우구스부르크 신앙고백서 16조의 말미에도 "사람에게 복종하기보다 하나님께 복종해야 하기" 때문에 관헌에 대한 복종은 무조건적인 것이 될 수 없다는 점을 지적하고 있다.

저항권 사상은 칼빈에게 와서 보다 선명하게 제시되었는데, 그의 저항권 사상은《기독교강요》IV권 20장 31-32항에 기술되어 있다. 여기서 칼빈은 국가권력은 하나님이 위임하신 것임을 지적하고, 권력자가 하나님께 반역할 경우에 이에 대해 저항하는 것은 정당한 일일 뿐만 아니라 의무라고 지적한다. 위정자에 대한 복종보다 하나님께 대한 순종이 우선하기 때문이다. 그러나 권력에 대한 저항, 그 자체가 권력화權力化되기 때문에, 저항 역시 하나님으로부터의 위탁에 근거해야 한다는 점을 강조했다. 칼빈이 죽은 후 프랑스 개혁파 교회에서는 보다 적극적인 저항권 사상이 전개되었다. 이러한 논리를 주장하는 이들을 모나르코마키Monarchomachi, 곧 '군주와 싸우는 자'라고 불렀는데, 모두가 프로테스탄트라고 말할 수는 없지만 대표적인 인물은 칼빈파 인물들이었다. 프랑스 개혁파의 정치적 견해가 당시 이러한 형태로 표출된 것이다. 이것은 칼빈의 저항권 사상이 변화된 정치적 상황 가운데서 새롭게 전개된 것이라고 할 수 있다. 칼빈의 저항권 사상을 보다 적극적으로 전개한 이는 칼빈의 후계자였던 베자Theodor de Beze(1519-1605)였다.

베자는《위정자의 신민에 대한 권리와, 시민의 위정자에 대한 의무에 관하여》에서 부당한 국가권력에 대한 저항은 정당한 것이라고 주장했다. 이 책은 바돌로매 날의 대학살을 경험한 이후 저술된 책인데, 이 책이 가져올 충격을 고려하여 익명으로 출판한 것이다. 베자는 이 책에서 어디까지 복종하고 어디서 저항할 것인가는 각각의 그리스도인이 "양심"이란 저울에 달아 보아야 한다고 말하고 있다.[14] 그 이후 프랑스에서 저항권 사상은 현저한 진전을 보이는데, 스코틀랜드인 조지 부캐넌J. Bucanan, 칼빈의 문하생인 존 녹스John Knox, 모나르코마키Monarchomachi들과 교섭이 있었던

---

14. 익명으로 출판된 *De jure magistratutm in subditos et officio subditorum erga magistratus* 프랑스어판은 1574년에 라틴어판은 1576년에 출판되었다.

스코틀랜드인으로 프랑스에서 교사로도 활동했던 존 메이져^{John Major}(1470-1550) 등이 대표적인 인물이었다. 이렇게 볼 때 칼빈은 저항권 사상의 원류라고 볼 수 있다. 그의 저항권 사상은 스코틀랜드를 거쳐 장로교 전통에서 수용되는데, 그것은 17세기 스코틀랜드의 언약도들^{Covenanters}의 경험이 영향을 주었기 때문이다. 장로교 신앙을 지키려는 이들이 국가권력으로부터 심한 탄압을 받고 신교^{信教}의 자유를 유린당했을 때 국가권력에 대한 저항의 정당성을 숙고한 일은 자연스러운 일이었을 것이다.

이상에서 서구 교회에서 오랜 기간 동안 전개되어 온 저항권 사상을 소개했는데, 이는 근대사회에서 널리 수용되었다. 이 사상의 핵심은 국가권력이 부당하게 종교의 자유, 신교의 자유, 혹은 예배의 자유를 침해할 경우 저항할 수 있다는 것이다. 이 점에 대한 한국 교회의 인식이 매우 부족한 것으로 판단된다.

맺으면서

이상에서 코로나19로 인한 정부의 방역 지침과 기독교회에 대한 집회 제한 혹은 금지 조치에 대한 경과를 살펴보고, 이러한 조치들이 정당한가에 대하여 교회와 국가, 정교분리, 저항권 사상을 통해 검토해보았다. 특히 교회의 권세와 국가의 권세가 어떠한가를 제시하였다.

앞에서 지적했지만, 교회는 국민 건강과 전염병으로부터의 안전을 위한 정부의 노력에 협력하고 협조해야 한다. 그러나 그러한 교회의 태도와는 별개로, 국가기관이 자신의 판단대로 전국 교회에 대하여 행정명령을 하달하여 예배 모임을 금지 또는 제한하는 것은 종교의 자유에 대한 침해라고 할 수 있다. 정부는 전염병의 확산을 막기 위해 교회의 협력이 필요하다고 판단한다면, 교회 지도자들에게 그 필요성을 고지하고 협조를 요청해야 할 것이다. 그리고 교회는 스스로의 판단으로 결정해야 할 것이다.

한국의 기독교계가 국가기관의 행정명령을 통한 현장 예배 제한이나 금지 조치에 대해 성명서를 발표하거나 보건복지부장관과 서울시장을 상대로 '행정명령 집행정지' 가처분 소송을 제기한 일은 소극적 저항권의 행사라고 할 수 있다. 그러나 대부분의 교회가 정부의 행정명령을 특별한 저항 없이 받아들인 것은 단순히 방역 지침에 순응한 것으로 볼 수 있지만 너무 안이한 순응인 동시에 종교의 자유, 교회에게 속한 권세에 대한 포기라고 판단된다.

‖ 점검 및 적용 ‖

- 교회의 권세의 관할 영역은 무엇인가?
- 국가의 권세의 관할 영역은 무엇인가?
- 가정의 자율성 영역은 무엇인가?

- 교회의 예배 모임은 교회 또는 국가 중 어느 기관의 관할 영역인가?

- 시민정부의 목적은 무엇인가?

- 국민의 생명과 재산의 보호라는 국가의 관할 영역과 예배 모임이라는 교회의 관할 영역이 겉보기에 중첩되는 것으로 보이는 경우에 국가의 권한 행사에 어떠한 제한이 가해지는가?

- 국민의 생명과 재산의 보호라는 국가의 관할 영역과 가정의 자율성 영역이 겉보기에 중첩되는 것으로 보이는 경우에 국가의 권한 행사에 어떠한 제한이 가해지는가?

- 국가가 종교의 자유를 침해할 때 저항권을 행사할 수 있는가?

7장
현장 예배 모임의 우월성과 필요성
조정의

이번 코로나19 사태를 겪으면서 현장 예배의 중요성에 대해 기독교 내부에서 극명하게 의견이 갈렸다. 김동호 목사는 "최고의 예배는 선교"라고 말하면서, 현장 예배를 지키겠다고 최고의 예배인 선교를 포기하는 것은 정신 나간 짓이라고 말했다.[1] 또한 한국기독교장로회 서울북노회 소속 50여 개의 교회는 '교회가 죄송합니다'라는 공식적 사과와 더불어 온라인 공동예배를 실천하겠다고 발표했다.[2] 비상 상황이 아닌 평소에도 현장 예배를 온라인으로 대체할 수 있다는 극단적 의견도 대두되었다.

---

1. 기독일보 2020년 9월 3일자 기사 "김동호 목사 '정부가 교회 핍박? 교회가 겁박하는 것으로 보여'". 현장 예배를 고집하는 건 오히려 세상 사람들에게 선교하는 것을 방해하는 일이라고 김동호 목사는 본 것이다.
2. 매일경제신문 2020년 10월 3일자 기사 "'교회가 죄송' 참회한 50여개 교회, 내일 온라인 공동예배 실천"

이에 반해 예장 통합 총회장 김태영 목사는 300만원 벌금 내라고 하면 3000만원 벌금 낼 정도로 예배드려야 한다고 강조하는 등,[3] 예장 고신, 합동, 통합, 기성, 그리고 기감 감독회 등 주요 교단이 정부에 강하게 항의하였다.[4] 또한 한국교회연합, 한국교회언론회 등의 단체도 정부의 교회 셧다운에 강한 유감을 표명했다.[5]

이런 의견 차이들의 배후에는 현장에서 모이는 공예배 모임의 가치와 그 필요성에 대한 인식 차이가 자리잡고 있는 것으로 보인다.[6] 공예배의 본질상, 현장 예배 내지 대면 예배의 형식은 얼마나 필요하며 얼마나 중요한가? 과연 교회는 어떤 이들의 주장처럼 현장 모임을 온라인으로 대체해도 무방한가?

---

3. 크리스천투데이 2020년 3월 16일자 기사 "통합 총회장 '벌금 3백 내라 하면 3천 낼 정도로 예배드려야'"
4. 코람데오닷컴 2020년 3월 28일자 기사 "고신, 합동, 통합에 이어 기성도 정부에 강력 항의!"
5. 크리스천투데이 2020년 8월 21일자 기사 "공권력 예배 침해, 다니엘 사자굴에 집어넣는 행위"
6. 코로나 이전에도 교회 공동체를 벗어나 하나님과 일대일 관계로 예배를 유지, 지속할 수 있다고 믿는 사람(소위, 가나안 성도)이 점점 늘어나는 추세였다.

상식적 판단

졸업식, 결혼식, 팔순 잔치를 온라인으로 시행한다면 어떠한가

졸업식을 온라인으로 시행한다고 가정해보자. 교장 선생님과 선생님들 그리고 일부 사람들만 학내에서 졸업식 순서를 진행하고, 졸업생들과 가족들은 집에서 영상을 시청하면서 졸업식에 참여한다. 이것이 현장 졸업식이 가져다주는 충만한 체험을 줄 수 있는가? 졸업식 연설을 들으며 함께 감동하기도 하고, 추억이 어려 있는 학교라는 공간에서 감회에 젖기도 하고, 같이 졸업하는 친구들과 함께 그리고 졸업을 축하하기 위해 참석한 친지들과 함께 예식과 그 전후의 모든 경험을 공유하는 그런 것을 영상 졸업식이 대신할 수 있는가?

마찬가지로 결혼식을 영상으로 진행하고 그 영상을 시청하는 것으로 결혼식 참석을 갈음한다고 생각해보자. 현장에 참석하여 직접 신랑, 신부를 보고, 다른 참석자들과 함께 축하하며 복을 비는 그 현장감과 경험을 단지 영상 시청으로 대신할 수 있을까? 신랑, 신부, 주례, 사회자 입장에서도 텅 빈 공간에서 그들만의 예식을 진행하면서 단지 영상을 온라인으로 공유한다면 그것이 현장 결혼식과 같은 밀도 있는 경험을 제공하겠는가?

팔순 잔치를 온라인으로 시행하면서 아무도 참석하지 않은 곳에서 혼자 잔칫상을 받고 영상으로 축하를 받고 선물은 택배로 받는다면 그것이 충분한 잔치가 될 수 있겠는가? 현장에 모이지 않고 영상으로 모이는 것이 잔치의 대체수단이 될 수 있겠는가?

스포츠 빅 이벤트나 강의 현장에 직접 참석하는 것과 영상으로 보는 것이 같은 경험인가

인기 스포츠의 중요 경기들을 생각해보자. 월드컵 축구 결승전, 한국시리즈 7차전, 복싱 세계타이틀전, 미국의 슈퍼보울 경기 같은 것 말이다. 이런 빅 이벤트를 현장에서 관람하는 티켓의 값은 상당히 높지만, 그럼에도 티켓은 금방 매진된다. 왜 그냥 TV로 보지 않고 많은 돈을 지출하면서 굳이 현장에서 직접 보려고 하는 걸까? 그 이유는 현장에서 직접 관람하는 것이 영상으로 시청하는 것보다 훨씬 실감 나고 충만한 경험을 제공하기 때문이다.

온라인 강의는 편리하기도 하고 널리 활용되기도 한다. 그런데 동일한 강사의 현장 강의가 온라인 강의보다 훨씬 높은 수강료에도 불구하고 인기를 끈다. 그리고 이러한 현장 강의의 이점 때문에 강남구 대치동 등이 학원 명소가 되기도 한다. 그 이유는 현장 강의가 온라인 강의보다 학습적인 효과면에서 뛰어나기 때문이다. 즉, 같은 시간 동안 강의를 들었을 때 현장 강의가 온라인 강의보다 훨씬 깊은 인상을 남기기 때문이다. 이것은 온라인 경험과 현장 경험의 차이에 기인한다.

사랑하는 사람과의 전화 통화와 직접 만남의 경험

사랑하는 사람이 있다고 하자. 전화 통화로도 많은 얘기를 할 수 있고 교제를 나눌 수 있다. 심지어 기술의 발달로 이제는 영상 통화도 가능하다. 하지만 그것이 직접 현장에서 만나는 것과 동일한 경험을 제공하는가? 사랑하는 사람과의 교제가 온라인으로 충분하다면 왜 굳이 시간을 들여 먼 거리를 이동하여 실제로 만나는가?

온라인 예배가 현장 공예배와 같은 경험인가

졸업식, 결혼식, 팔순 잔치, 스포츠 빅 이벤트, 강의, 사랑하는 사람과의 교제는 온라인 연결만으로 현장의 충반한 경험을 대신할 수 없다. 그 이유는 인간의 본질과 관련되어 있다. 인간은 시간과 공간에 한정되어 있는 존재이며 오감을 통해 감각하는 존재이다(물론 영적인 존재이다). 그리고 현장에서 오감으로 감각하고 경험하는 것은 온라인 매체를 통해 경험하는 것과 그 경험의 질이 차이가 날 수밖에 없다. 또한 온라인 환경은 복수 인간의 상호 교류를 충분히 지원할 수 없다. 졸업식, 결혼식, 스포츠 경기 등의 현장에 직접 참석한 사람들은 서로 대화를 나누지 않더라도 한 이벤트 안에서 상호 교류한다. 졸업식 안에는 연단에 있는 사람과 나 단둘의 상호 작용만 있는 것이 아니고, 연단에 있는 사람과 나 그리고 모든 참석자 간의 포괄적인 상호 작용이 있는 것이다. 서로를 눈으로 보기도 하고 소리를 듣기도 하면서 전체적인 포괄적인 경험이 현장에서 이루어진다. 그러나 온라인 방식은 이러한 다면적인 상호 작용을 충분히 지원할 수 없다. 따라서 온라인 방식은 현장 경험을 온전히 대체하는 수단이 될 수 없다. 그 방식으로는 불가능한 무언가가 있고, 이 점은 공예배도 예외가 아니다.

실제로 모임이나 예식이 중요할수록 그 안에서 더 효과적이고 밀도 높은 오감의 경험과 상호 교류가 이루어져야 한다. 그러기 위해서 그것들은 더 밀도 높은 경험을 지원할 수 있는 더 정교하고 더 효과적인 방식으로 시행되어야 한다.

그렇다면 세상에 있는 이벤트 중 가장 밀도 높고, 가장 생생한 전인격적 체험과 경험이 이루어져야 하는 가장 중요한 이벤트는 무엇인가? 그것은 다름 아닌 공예배이다. 따라서 공예배는 필연적으로 현장에서 이루어질 것이 요구된다.

요컨대 온라인 환경보다 현장 환경이 더 우월하다. 더 많은 것을 더 깊이 느끼고, 참여자 간에 더 다각적인 상호 작용이 이루어질 수 있는 최적의 환경은 현장 환경이다. 가장 중요하고 심중한 이벤트는 최고의 환경에서 이루어지는 것이 마땅하다. 하나님께 드리는 예배는 우월한 방식으로 드려져야 한다. 따라서 온라인 환경에서 공예배를 드리는 예외적이고 열등한 실천사항이 정당화되려면, 그것을 정당화하기에 충분할 정도의 특수한 사정이 반드시 있어야 한다.

교회론에 비추어 판단함

성경은 하나님이 인간에게 자신을 계시하시고 인간을 만나신 역사로 채워져 있다. 하나님은 직접 임재하여 말씀하셨고, 사사, 선지자, 왕 같은 대리인을 세워서 말씀하셨고, 마지막에는 육신을 입고 인격과 인격의 접촉을 하셨다(히 1:1-2). 예수님의 제자 사도 요한은 "태초부터 있는 생명의 말씀에 관하여는 우리가 들은 바요 눈으로 본 바요 자세히 보고 우리의 손으로 만진 바라 이 생명이 나타내신 바 된지라 이 영원한 생명을 우리가 보았고 증언하여 너희에게 전하노니 이는 아버지와 함께 계시다가 우리에게 나타내신 비 된 이시니라"라고 말했다(요일 1:1-2). 사람이 듣고 보고 만질 수 있도록 생명이신 하나님이 육신을 입고 오신 것이다.

그런데 하나님은 각 개인과 긴밀한 교제를 나누시지만 하나님의 경륜은 그것이 전부가 아니다. 하나님은 한 거룩한 백성을 창조하셔서 그 공동체 안에 거하시고, 그 공동체를 통해 자신을 나타내고자 하셨다.

> "너희도 성령 안에서 **하나님이 거하실 처소가 되기** 위하여 그리스도 예수 안에서 함께 지어져 가느니라"(엡 2:22; 고전 3:16 참고).

몸, 건물, 가족의 비유

교회는 그리스도의 몸, 건물, 가족으로 비유된다.

① 몸(고전 12장; 엡 4:15-16; 골 2:19)

교회를 사람의 몸에 비유할 때, 그리스도는 교회의 머리이시고 교회는 그리스도의 몸이다(엡 4:15-16). "온 몸이 머리로 말미암아 마디와 힘줄로 공급함을 받고 연합하여 하나님이 자라게 하시므로 자"란다(골 2:19). 여기서 강조되는 것은 온 몸이 마디와 힘줄로 연결되어 있다는 것, 즉 "연합"이다. "온 몸이 각 마디를 통하여 도움을 받음으로 연결되고 결합되어 각 지체의 분량대로 역사하여 그 몸을 자라게 하며 사랑 안에서 스스로 세"운다(엡 4:16). 여기서도 "연결", "결합"이 강조된다. 성도의 연합, 결합은 성장을 목적으로 한다. 그리스도의 몸인 교회가 자라고 세워지는 것은 유기적인 연합, 결합을 통해서 가능하다. 특별히 고린도전서 12장에서 은사를 말할 때 몸의 비유를 생생하게 들어 설명하는데, 각 지체인 눈, 귀, 손, 발 등은 모두 몸에 붙어 있고(연결), 서로 다른 은사를 가졌지만 자기 기능을 함으로써 서로를 섬긴다.

② 건물(엡 2:20-22)

교회를 건물에 비유할 때 역시 서로 연결되어 세워지는 것이 강조된다. 건물은 기초가 굉장히 중요한데, 건물의 비유에서 터 혹은 모퉁잇돌이 되시는 분은 그리스도이시다(엡 2:20). 교회는 그리스도를 중심축으로(또는 기초로) 세워진다. 그런데 성경은 교회를 건물에 비유하면서 이렇게 설명한다.

"그의 안에서 건물마다 서로 연결하여 주 안에서 성전이 되어 가고 너희도 성령 안에서 하나님이 거하실 처소가 되기 위하여 그리스도 예수 안에서 함께 지어져 가느니라"(엡 2:21-22).

여기서도 건축 자재가 서로 "연결"되어 있음을 강조한다. 교회는 성도 개개인이 홀로 세워지기보다는 "함께 지어져" 간다. 각 개인의 부르심과 소명이 분명 있지만, 우리는 공동체인 교회로서 함께 부르심을 받고 세워진다.

③ 가족(고전 3:9; 딤전 3:15)

신약성경에 널리 퍼져 있는 교회의 개념 중 하나는 가족이다. 하나님은 "우리 아버지"로 소개되고(롬 1:7; 고전 1:3, 8:6; 히 12:7; 약 1:27; 벧전 1:2), 예수님은 "맏아들"로 소개된다(롬 8:29; 히 1:6). 교회의 지체들이 서로를 부르는 호칭은 "형제"였는데, 성도들은 예수 그리스도의 보혈로 한 아버지 하나님의 자녀가 된 형제자매이기 때문이다(히 2:11; 벧전 1:22; 요일 3:10, 4:21). 가정의 비유가 강조하는 것은 무엇인가? 성도들은 서로 한 혈통으로 맺어진 관계이며 세상 그 어떤 관계보다 끈끈하고 강력하게 연결되어 있다. 어쩔 수 없는 상황 때문에 떨어져 있는 가족도 있지만, 가족은 그 특징상 서로 삶을 함께 나누고 시간을 같이 보내며 인격적으로 가장 친밀한 사랑을 주고받아야 한다. 교회가 그렇다. 교회는 하나님의 집, 하나님의 가정이다.

몸, 건물, 가족됨의 실천과 현장 예배

온라인 예배가 예배의 본질에 큰 영향을 주지 않는다고 보는 이들은 성경이 회중을 향해 무엇을 명령하고 있는지 기억해야 한다. 성경은 회중 전체가 각자의 은사를 가지고 예배에 적극적으로 참여하라고 명령하며(고전 14:26-40), 성도의 교제를 명령한다. 회중은 구경꾼이 아니며, 상호 간의 교제에 참여해야 하는 참여자이다.

몇몇 성경구절들을 살펴보자.

"보라 형제가 연합하여 동거함이 어찌 그리 선하고 아름다운고 머리에 있는 보배로운 기름이 수염 곧 아론의 수염에 흘러서 그의 옷깃까지 내림 같고 헐몬의 이슬이 시온의 산들에 내림 같도다 거기서 여호와께서 복을 명령하셨나니 곧 영생이로다"(시 133:1-3). 시편 133편은 '성전에 올라가는 노래'로서, 절기를 맞아 성전을 향해 여행하면서 예배를 사모하며 불렀던 노래이다.

"시와 찬송과 신령한 노래들로 서로 화답하며 너희의 마음으로 주께 노래하며 찬송하며 범사에 우리 주 예수 그리스도의 이름으로 항상 아버지 하나님께 감사하며 그리스도를 경외함으로 피차 복종하라"(엡 5:19-21). 회중은 찬양으로 서로 화답하고 피차 복종해야 한다.

"그리스도의 말씀이 너희 속에 풍성히 거하여 모든 지혜로 피차 가르치며 권면하고 시와 찬송과 신령한 노래를 부르며 감사하는 마음으로 하나님을 찬양하고 또 무엇을 하든지 말에나 일에나 다 주 예수의 이름으로 하고 그를 힘입어 하나님 아버지께 감사하라"(골 3:16-17). 회중은 공적으로나 사적으로 피차 가르치고 권면해야 한다.

"서로 돌아보아 사랑과 선행을 격려하며 모이기를 폐하는 어떤 사람들의 습관과 같이 하지 말고 오직 권하여 그 날이 가까움을 볼수록 더욱 그리하자"(히 10:24-25). 회중은 서로 돌아보는 일, 사랑과 선행을 서로 격려하는 일을 해야 한다. 그리고 모이기를 폐하지 말고 주 오심이 가까울수록 더욱 예배에 힘써야 한다.

또한, 히브리서 기자는 "선을 행함과 서로 나누어 주기를 잊지 말라"고 명하면서 "하나님은 이같은 제사를 기뻐하시느니라"라고 말했다(히 13:16). 회중은 서로 나누어 주고 선을 행해야 한다.

초대교회는 예배에서 성도의 교제를 실천했다. "날마다 마음을 같이하여 성전에 모이기를 힘쓰고 집에서 떡을 떼며 기쁨과 순전한 마음으로 음식을 먹고 하나님을 찬미"했다(행 2:46-47). 그들은 왜 "날마다" 모이기를 힘썼는가? 함께 예배하기 위해서다. 그들은 성전뿐만 아니라 집에서 함께 예배를 드리고 음식을 나누며 교제하고 하나님을 찬미했다. 교회는 처음부터 하나님께서 명령하신 대로 날마다 모여 교제를 나누고 회중 예배를 드렸다.

요컨대 성경은 성도의 긴밀한 교제를 명령하며 그것을 통해 몸을 세워 가라고 명령한다. 성도들은 상호 긴밀하게 연결되고 사랑 안에서 참된 것을 말하고 한 성령 안에서 교제함으로써 그리스도의 몸, 건물, 그리고 가족인 교회를 세워 나가야 한다. 이러한 성도의 교제는 비단 공예배 모임에 한정되지는 않지만, 공예배 모임은 성도의 긴밀한 교제를 전제하며 공예배 안에서 성도의 교제는 매우 긴밀하게 꽃피워지고 예식으로 표현되어야 한다. 그런데 온라인 예배는 충실한 성도의 교제가 행해지기 위한 최적의 방식이 되지 못한다. 온라인 예배는 현장 예배에 비해서 성도 상호 간의 영적 교제에 엄청난 어려움을 초래하는 방식이다. 따라서 성도의 교제를 나누어야 하는 교회는 함부로 온라인 형식으로 예배를 대체하면 안 된다.

맺으면서

코로나19 사태 이전에도 교회는 빠르게 발전하는 기술과 심각한 개인주의 속에서 교회를 어떻게 서로 연결되고 함께하는 공동체로 지켜낼 것인지 고민했다. 성도가 목회자의 퍼포먼스를 구경하는 관람객으로 전락하지 않게 막고, 성경이 말하는 회중 예배 또는 공동 예배Common Worship(구경꾼이 아닌 참여자로서의 회중이 강조되는 예배—편집주)의 특징을 살려 성도를 적극적이고 자발적인 예배자로 만들기 위한 노력을 했다. 코로나19 사태는 기존의 예배 형식을 성경으로 재검증하는 좋은 기회를 제공했다. 또한, 교회가 예배의 본질이 무엇인지 고민할 수 있는 충분한 시간을 제공했다. 하지만 안타깝게도 이번 사태를 맞이하여 많은 교회가 성경 중심으로 예배의 본질을 되찾기보다는 세상의 압력과 요구에 순응한 것처럼 보인다. 세상도 언택트는 임시방편이지 대안이 될 수 없다고 말하는데, 교회는 온라인으로도 예배가 충분히 가능하다고 말하니 참으로 안타깝고 슬픈 일이 아닐 수 없다.

물론 온라인으로라도 예배할 수 있게 여러 수단과 기술을 하나님께서 은혜로 제공하신 것은 참으로 감사한 일이다. 하지만 온라인 예배는 현장 예배와 동등한 수준의 충만한 경험을 제공하지 못한다. 또한, 온라인 예배는 교회가 연결과 연합이 실천적으로 구현되는 성도의 교제를 향한 성경의 명령도 간과한다. 그리고 하나님이 교회에 명령하신 예배가 회중이 함께 인격적인 만남 가운데 참여하는 예배라는 사실도 무시한다. 온라인 예배는 이런 허다한 결함을 가진 예배 형식이다. 교회는 주어진 상황에서 최선의 예배 형식을 선택하여 예배해야 한다.

- 온라인 예배로 현장 예배의 충만한 경험을 온전히 누릴 수 있는 가?

- 과거 독감철의 예배 모임보다 더 낮은 위험성을 지닌 현장 예배를 온라인 형식으로 대체하는 것이 정당한가?

- 어느 정도의 보건상 위험성이 있을 때 현장 예배를 온라인 형식으로 대체하는 것이 정당화되는가?

- 현장에 모이지 않을 때 주일학교, 청소년 교육, 소그룹 교제 등 공예배 이외의 다른 부분에 있어 교회는 어떠한 타격을 입는가?

- 구약의 제사 제도, 성막의 식양, 신약의 성찬 등은 하나님이 예배와 관련하여 인간의 오감의 경험을 중시하심을 나타낸다. 이에 비추어 현장 예배와 온라인 예배를 비교해보라.

- 이 산에서도 말고 예루살렘에서도 말고…영과 진리로 예배할 때가 온다는 말씀(요 4:21-23)은 현장 예배의 충만한 경험을 무너뜨리는 말씀인가 아니면 이를 권장하고 세우는 말씀인가?

8장
온라인 예배에 대한 신학적 검토
이승구

교회와 공예배의 의미

구속함을 받아 하나님의 백성이 된 그리스도인들은 삼위일체 하나님께서 이루신 이 놀라운 구속의 은혜에 감사해서 자신을 주님께 온전히 드리고 개인적으로나 공동체적으로 삼위일체 하나님께 감사의 예배를 하는 일에 힘쓰게 된다.[1] 그러므로 구속받은 그리스도인들의 예배는 항상 "감사 예배"이고, 놀라운 일을 이루신 하나님을 찬양하는 "찬양 예배"이며, 감사하여 우리 자신을 온전히 주께 드리는 "헌신 예배"이다. 개인이 은밀히 하는 개인 예배나 가족이 함께 하는 가족 예배family devotion도 그러하고, 특히 온 회중

---

1. 예배의 의미에 대한 논의로 이승구,《한국교회가 나아갈 길》(서울: CCP, 2018), 48-56쪽을 보라.

이 함께 모여 하는 공적 예배^{public worship service}도 그러하다. 원칙상 구속받은 이 모든 사람들이 다같이 "하나의 교회"를 형성하고 있다. 교회는 이렇게 주께서 구속하여 세우신 것이고, 점점 더 많은 사람들을 이 교회 공동체 안으로 주께서 불러 모으시는 것이다(이것을 교회를 세우는 일에서의 하나님의 주도성^{initiative}이라고 한다). 여기 교회의 하나 됨의 진정한 의미가 있다. 한 그리스도에 의해서 구속함을 받아, 한 하나님을 섬기는 사람들이 하나의 교회다. 그런데 온 세상의 구속받은 사람들이 다 한 장소에 모여서 예배할 수 없으므로 지역적으로 모여서 함께 예배하면서 하나님의 뜻을 함께 배우고 함께 그 뜻을 실천하려고 노력해 가는 각각의 공동체를 "지역 교회" 또는 "지교회"^{肢敎會, local church}라고 한다(그런데 이 귀한 용어를 이단인 지방 교회가 가져가서 자신들이 지방 교회라고 하니 매우 안타까운 일이다. 이들이 이단임을 분명히 하면서 각각의 건전한 교회들은 그리스도께서 세우신 하나의 교회의 지교회라는 의식을 분명히 해야 한다. 또한 대형 교회가 자신들의 지부 비슷한 곳을 세우고 그런 곳을 지교회라고 표현하는 것도 이 용어를 잘못 사용하는 것임을 분명히 해야 한다. 모든 건전한 교회들은 모두 그리스도께서 세우신 하나의 거룩한 교회의 지교회라는 의식을 가지고 그것을 제대로 표현해야 한다).

그러므로 바른 교회에 속한 각각의 지교회들은²⁾ 기본적으로

---

2. 우리들은 이것을 각 교회라고 표현하곤 한다. 그러나 더 정확히 표현하면 우리들의 각 교회가 하나의 교회의 일부인 지교회인 것이다. 이 모든 지교회들 전체를 다 아울러서 하나의 교회라고 하는 것이다.

함께 예배하기 위해 모이는 공예배^{public worship}로 교회됨을 표현하기 시작한다. 일정한 지역에 그리스도인들이 함께 모여 예배하는 일이 지속적으로 이루어질 때, 그리고 그 함께하는 일로부터 새로운 그리스도인들이 나타날 때, 우리들은 주께서 새로운 교회를 세우신다고 표현한다.[3] 주께서 한 지역에 교회를 세우셔서 믿는 사람들이 함께 모여서 예배하는 일로부터 시작하여, 지속적으로 하나님을 예배하고, 그 안에서 하나님의 말씀의 가르침을 받고, 함께 살며, 주께서 하라고 하신 일을 함께 해 나갈 때에 교회가 교회의 모습을 드러내는 것이다. 그러므로 교회의 교회됨은 공예배를 중심으로 나타난다. 공예배는 각 교회의 교회됨의 토대이다. 공예배로 함께 예배하고, 그 안에서 하나님의 말씀을 배워 하나님의 뜻을 깨닫고, 하나님의 뜻을 실천하기 위해 같이 사는 사람들이 교회이기 때문이다.

그러므로 공예배는 한 지교회의 모든 구성원들이 다 같이 모여서 하나님께 예禮를 갖추어 절하는拜 일이다. 그래서 이를 예배禮拜, 즉 예를 갖추어 절하는 일이라고 한다. 놀라운 구속을 이루시고 더 나아가 창조하시고 섭리하셔서 오늘까지, 그리고 예수님의 재

---

3. 그러므로 "사람들이 교회를 세운다", 또는 "교회를 개척한다" 등의 표현을 하지 말아야 한다. 교회를 세우시고 교회를 개척하시는 분은 오직 하나님이시다. 진정한 그리스도인들은 이것을 인정한다. 그러나 다들 쓰는 대로 "우리가 개척한다" 등의 표현은 할 수 있지 않을까 생각하면서 다들 일반적으로 사용하는 표현을 따라 그런 표현을 사용한다. 그러나 우리가 참된 그리스도인이라면 용어나 표현조차도 바르게 사용하려고 노력해야 한다.

림 때까지 역사를 인도해 가시는 삼위일체 하나님께 예를 갖추어 절하는 공예배에서는 기본적으로 주께서 하신 일을 높이고 감사하는 찬송을 드리고, 감사를 표하며, 이 땅에서 주의 백성답게 사는 일을 위해 필요한 모든 것을 간구하는 기도를 하고, 지난 한 주간 동안의 우리의 삶이 과연 하나님을 위한 삶이었음을 인정하면서 그 모든 삶을 다른 성도들의 삶과 묶어서 한 교회 공동체 전체를 주께 올려 드리는 헌상(獻上)을 하고, "하나님의 말씀"을 듣고, 그 말씀의 뜻이 과연 무엇인지 가르침 받는 일이 있게 된다. 이는 이 땅에서 하나님의 백성으로 제대로 살아가기 위해 먼저 하나님께 감사하며 하나님의 뜻을 기리고 배우는 일이다. 그러므로 예배는 이 땅에서 하나님의 백성다운 삶과 활동을 위한 것이다. 그래서 예배를 마칠 때에는 송영doxology을 불러 삼위일체를 다시 찬송하고, 이 땅에서 하나님 나라의 백성으로서 십계명에서 명시하신 하나님의 뜻을 행하겠다는 것을 다시 다짐하고 언약을 갱신하는 의미에서 십계명을 교독한다. 그리고 그 일은 하늘에 계신 삼위일체 하나님의 복주심과 함께하심이 아니면 이룰 수 없는 일이니, 삼위일체 하나님의 은혜와 사랑과 교제의 함께 해주심을 위해 기도하고, 이 세상 속에서 하나님의 백성다운 활동을 활발히 하도록 평안히 (주의 평안 가운데서) 가라는 파송을 받음으로 예배를 마친다.

온라인 예배의 비정상성

코로나19 상황 속에서, 교회의 현장 예배가 불가능한 비상한 상황 속에서 교회 공동체의 일부만 예배당에 모이고, 그 외의 분들은 각자 집에서 온라인으로 예배에 참석하는 일이 있었다. 이러한 일은 21세기의 놀랍게 발전한 과학 기술 덕분에 우리가 행할 수 있는 것이다. 20세기 중반만 해도 도무지 할 수 없었던 이 일을 과학 기술이 놀랍게 발전하면서 가능하게 되었다. 따라서 이런 온라인 예배라도 할 수 있는 것에 대해서 우리들은 먼저 하나님께 감사해야 한다. 비록 "대면하여 모이지" 못하는 상황에서도, 일반 은총common grace 가운데서 이루어진 과학기술의 발전 때문에 이렇게 온라인 상으로나마 모여서present on-line 하나님을 예배할 수 있게 되었기 때문이다. 그러나 온라인 예배는 코로나19 상황과 같은 매우 비정상적인extra-ordinary 상황 가운데서 하는 공예배 방식이니, 이것은 비정상적인 예배 방식이라고 해야 한다. 이것이 비정상적인 상황에서 하는 비정상적인 예배인 이유는 이런 방식으로는 성찬을 할 수 없다는 데서 가장 잘 나타난다. 성찬은 교회 공동체에 속한 모든 교우들이 모여서 함께 "주의 만찬"the Lord's supper에 참여하는 것이다. 자신들이 은혜 언약의 백성들임을 명확히 하면서 은혜 언약에 참여한 한 교회 공동체의 구성원들이 다 같이 모여서 성찬에 참여하여, 주께서 세우신 은혜 언약의 표sign를 받고, 인印, seal침을 받는다. 그러므로 성찬을 할 때는 모든 구성원들이 다 같이 참여하는 것이 중요하다. 성찬은 함께 모이는 것이 중요하기에 여러 이유 때문에 공예배에 참여하지 못한 사람들에게 예배가 마친 후에 개별적으로 전달하는 것이 금지될 정도였다. 그러므로 성경을 따라서 제대로 생각하는 사람들은 비대면 방식으로는 성찬을 시행할 수 없다고 단언한다.[4]

그러므로 비상 상황에서 온라인으로 예배하는 일이 있을 수 있지만, 그럴 경우 이것이 비정상적인 것이라는 것을 분명히 하면서 행해야 한다. 상황이 여의치 않으면 온라인 방식이 꽤 오래 행해질 수 있지만, 이것은 절대로 정상적인 것은 아니다. 그러므로 이런 온라인 예배가 뉴노멀new normal이라고 생각하거나 말해서는 안 된다. 이 일은 이와 같이 비정상적인 상황에서 행하는 비정상적인 예배 방식(정상적이지 않으며 항상성을 가지지 않음)일 뿐이다.

물론 이런 방식으로라도 교회 공동체가 공예배를 하는 것이 전

---

4. 때로 비대면 방식으로도 성찬을 할 수 있지 않느냐는 논의를 하는 사람들은 성찬의 의미를 깊이 생각하지 않고, 떡을 떼고 포도주를 마시면 성찬이 되지 않느냐고 생각한다. 그러나 성찬이 과연 무엇인지를 깊이 생각하는 사람들은 온 회중들이 함께 모여 교회의 공동체성을 생각하면서 성찬을 해야 (1) 우리가 다 같이 그리스도와 함께 죽고 함께 살아난 사람들임을 표하고, (2) 우리가 다 같이 그리스도께서 베푸시는 자신과 자신의 유익 전체를 공급받는 사람들임을 표하고, (3) 우리가 한 떡에 참여하고 한 포도주에 참여하는, 즉 우리가 한솥밥을 먹은 한 가족임을 표하며 인치는 공동체적인 일임을 생각하고 말하게 된다. 그러므로 대면하여 함께 모이지 않는 상황에서 성찬은 불가능한 일이다. 우리들이 개인주의적으로 생각하는 일에 너무 익숙해져서 성찬이 진정 공동체적인 일임을 잊고서, 온라인으로 시청하면서 각자가 준비한 것을 개별적으로 먹고 마시면 되지 않느냐는 말도 안 되는 발상을 하는 것이다.

혀 하지 않는 것보다는 나은 것이다. 그래서 우리는 현장 예배가 정말로 불가능한 엄청나게 위중한 위기 상황에서는 온라인으로라도 예배해야 한다. 그리고 온라인 방식으로 예배할 때라도 예배를 인도하는 분들의 인도를 따라서 참으로 감사하는 가운데 하나님께 절하려고 애써야 한다. 함께 찬송하고, 함께 기도하고, 함께 하나님의 말씀인 성경을 받들어 읽는 것奉讀을 듣고, 말씀을 풀어 설명하여 우리의 삶에 적용하는 강설講說, 즉 설교說敎를 정신차려 듣고 하나님의 뜻을 찾아서 그 뜻을 우리의 삶에 적용하여 살려고 해야 한다.

여러 사정상 온라인 예배를 채택한 교회들에 대한 권면

첫째로, 특별한 때에 행하는 이런 비정상적인 예배 방식에 너무 익숙해지지 않도록 해야 한다. 즉, 온라인 예배를 정상적인 예배 방식으로 생각하면 안 된다. 이것이 가장 걱정되는 부분이다. 시간이 많이 흘러가면서 이러한 예배 방식도 정상적인 것이라고 여기는 일이 일반화되는 것은 큰 문제를 낳을 것이다.

특히, 어린아이들과 젊은이들이 이런 버릇에 들지 않도록 많이 신경 써야 한다. 어린아이들과 젊은이들이 이런 예배 방식에 버릇이 들면, 상황이 나아져도 주로 나이 드신 분들(이전 예배 방식에 버릇이 든 사람들)만 현장 예배에 나오고 어린아이들과 젊은이들은 현장 예배에 참여하지 않고 온라인으로만 참여하려고 할 수 있기 때문이다.

온라인 예배의 근본적 문제 중 하나는 그저 예배에 참석하는 것을 교회생활의 전부로 생각하는 일의 고착화라고 할 수 있다. 사실 이는 오래전부터 대두되던 문제이기도 하다. 이 사태 이전부터 많은 사람들은 그저 주일 아침 예배에 참석하기만 하면 교회의 구성원 역할을 다한 것으로 생각하는 일이 매우 일반화되어 가고 있었다. 그런데 이제 코로나19 사태로 온라인 예배에 버릇이 들면, 그런 사고방식이 더욱 고착화될 것이다. 즉, 교회의 구성원으로 서로 교제하고, 섬기며, 다른 교인들과 함께 이 세상 속에서 봉사하며 함께 살아가는 교회의 진정한 의미가 상실되는 것이다. 이것은 결국 예배 참석만 하고 실상은 교회를 없애가는 것이라고 할 수 있다. 예배는 했으니 스스로는 교회의 일원이라고 생각한다는 점에서 일종의 가짜 약을 맞은 효과만 내고, 성경이 말하는 진정한 교회는 없애는 것이니 아주 심각한 문제가 아닐 수 없다.

둘째로, 온라인 예배가 오래 지속되다 보면 처음에는 복장을 제대로 갖추어 정한 시간에 예배하다가, 점차 온전하지 않은 방식으로 예배하게 되고, 나중에는 복장도 안 갖추고 전반적으로 소란스러운 분위기 속에서 가족들 가운데 일부만 참여하는 일이 발생할 수 있다. 특히 아주 어린 아이들이 있는 집안에서는 그렇게 되기가 아주 쉽다(이것은 상당히 많은 분들이 지금도 호소하고 있는 매우 현실적인 문제이다). 그러므로 우리는 이런 점에 특히 주의해서, 온라인 예배를 할 때에도 각 가정이 시간을 엄수하고 참으로 예를 갖추어 예배하도록 해야 한다. 믿지 않는 사람들이 제사할 때에도 최대의 예를 갖추는데, 살아 계신 하나님을 예배하는 우리가 온라인 예배라고 대충하면 되겠는가? 그러므로 비대면 상황에서 우리가 각기 떨어져서 각 가정에서 예배에 참여한다고 해도, 미리미리 잘 준비해서 하나님 앞에서 우리들이 함께 예배하는 것임을 분명히 드러내도록 최선의 노력을 해야 한다. 그러므로 온라인 예배를 하게 되는 경우에는 사전에 더 많은 준비를 해야 한다.

셋째로, 각 교회 공동체는 이전보다 더 개별적으로 성도들을 돌아보는 일에 신경 써야 한다. 여기 장로님들과 집사님들의 역할이 이전보다 더 중요하게 나타난다. 이제 실질적으로 심방하는 일을 장로님들과 집사님들이 해야 하는데, 대면하지 못하면 전화와 다른 방식으로라도 더 많이 접촉해야 한다.

넷째로, 행정부, 특히 방역당국이 제안하는 이야기를 지속적으로 듣다가 자칫 교회 공동체가 방역당국의 허락에 따라서 모이거나 모일 수 없는 것이라는 생각을 하게 되면 안 된다. 국가와 교회의 관계 문제와 관련해서는 이것이 가장 걱정되는 부분이다. 이 문제에 대해서 잘 생각하지 않고, 오랫동안 이런 상황 속에 있다 보면, 방역당국이 모이지 말라고 하면 우리들도 그에 따라서 모이지 않고, 방역당국이 얼마만큼은 모여도 된다고 하면 우리들이 그만큼은 모이면서 마치 교회 공동체가 이런 비상한 시기에는 방역당국의 통제를 따라야 하는 것이며, 방역당국의 조치에 따라서 모이거나 모이지 않는 것이라는 생각에 빠져들기 쉬운데 이는 매우 심각한 문제를 일으키는 것이다.

성경적으로도 그렇지만, 역사적으로도 교회는 국가와 독립하여 있을 때 서로에 대해서 가장 정상적인 영향을 미쳤다.[5] 교회뿐만 아니라 행정부도 역시 그러했다. 각기 자기의 영역에서 최선을 다할 때에 최선의 역할들을 한 것을 역사가 증명한다. 교회가 행정부를 지배하려고 하던 시기(예를 들어, 중세기 유럽, 이슬람 국가들에서 지속적으로 있는 현상)나 행정부가 교회를 지배하려고 하는 시기(일제 하의 우리나라, 공산주의 하의 동독, 동유럽의 여러 국가들, 소련, 중공, 북한의 상황 등)는 결과적으로 교회와 정부 모두에게 불행한 결과를 가져왔다는 것을 우리는 잘 알고 있다. 그러므로 그 어떤 상황에서도 정부가 교회를 지배하려고 하거나, 역逆으로 교회가 정부를 좌지우지하려고 해서는 안 된다. 코로나19 상황 속에서도, 그리고 또 앞으로 있을 수 있는 어떤 복잡한 상황 속에서도 교회와 정부는 서로 독립적으로 존재하면서 서로를 돕는 역할을 해야 진정 서로에게 유익을 줄 수 있다.

그러므로 이런 상황 속에서 교회는 스스로 예배 방식을 선택해

---

5. 이 점에 대한 좀 더 긴 논의로,《교회 통찰》, 세움북스, 안명준 외 45인 공저, 특별히 205-234쪽에 실린 우병훈, 이승구, 이상규의 글들을 보라.

서 실시할 수 있다. 그레이스 커뮤니티 교회Grace Community Church(존 맥아더 목사 시무) 등 여러 미국 교회는 감염병 상황이 우리나라보다 훨씬 심각한데도 현장 예배를 선택했다. 교회를 닫으라shut down는 주지사의 명령에 불복종하기로 결정한 것이다.

물론 교회는 매우 주의해서 방역을 철저히 함으로써 교회 또는 지역사회에 감염병이 퍼지는 것을 막기 위한 최선의 노력을 해야 한다. 현장 예배를 지속하는 것은 좋은데, 마스크를 사용하지 않고 예배를 드리다가 교회 공동체 안에 혹시 대규모 감염이 발생하면 현장 예배를 옹호하는 주장을 어렵게 만드는 결과를 초래할 수 있다는 점도 염두에 두어야 한다. 따라서 교회가 모일 때는 더 많은 주의를 기울여야 한다.[6] 그러나 기본적으로 교회가 어떤 방식으로 모일 것인지는 교회 스스로가 결정해야 하는 문제이다.

맺으면서

코로나19 상황은 전 세계 모두에게 어려운 상황이다. 우리는 모두 하나님 앞에서 겸손해져야 한다. 겸비하게 우리의 어떤 문제 때문에 이런 상황이 일어났는지를 생각하면서, 우리를 불쌍히 여기사

---

6. Relevant Magazine 2020년 10월 23일자 "A Coronavirus Outbreak Has Hit John MacArthur's church, which Refused To Socially Distance". 다만 미국은 2020년 11월 9일 현재 인구 대비 3%의 확진자가 발생하였으므로 7천 명이 출석하는 교회 안에 확진자가 단 몇 명 발생한 것은 특이한 것이 아님—편집주.

이 상황을 빨리 종식시켜 달라고 회개하면서 우리 자신들과 온 세상을 위해 하나님께 간구해야 한다. 이를 할 수 있는 사람들이 지금 교회 공동체를 형성하고 있는 우리들이다. 이런 정황에서 간구하지 않고, 겸비한 마음을 갖지 않는 것은 진정한 교회의 자세가 아니다.

겸비함을 가장 잘 드러내는 방식은 하나님 앞에 바른 예배를 하는 것이다. 비록 온라인 방식으로 공예배를 한다고 해도, 하나님 앞에서 바르게 생각하고, 주께서 우리를 불쌍히 여기사 이 사태가 극복되게 해주신다면 그때에는 우리 모두 다 같이 예배당에 모여서 십자가에서 구속을 이루신 주님, 그리고 우리를 모든 정황에서도 돌보시는 주님께 감사와 찬송을 할 것을 분명히 하면서 예배해야 한다. 그러므로 우리가 하나님 앞에 과연 바른지는 다음 몇 가지를 통해서 확인될 수 있다.

첫째로, 주께서 우리들을 불쌍히 여기셔서 이런 사태를 극복하게 해주실 때 우리들 모두가 예배당에 모여서 참으로 예배하는가에서 드러난다. 그때 개인적으로 이전보다 더 열심히 예배하고, 배운 말씀대로 일상생활을 하여 나가는지, 또한 교회 공동체도 이전보다 더 열심히 해 나가는지를 통해서 우리가 참된 것인지 드러날 것이다. 누가 옳은지는 이 모든 사태가 끝난 후에 우리들이 참으로 함께 모이는 공예배를 열심히 하는지로 드러난다. 이전에 오전에만 모이던 교회 공동체는 이후에 저녁 예배도 할 수 있게 되어야 한다. 그때가 되었을 때 이전보다 게을리하는 개인과 교회 공동체는 잘못하는 것이며 참으로 회개해야 할 개인과 공동체이다. 우리의 어떠함은, 그리스도의 십자가와 부활에 우리가 동참하였다는 과거에 의해서 규정되지만, 동시에 이렇게 미래로부터 규정되기도 한다. 그러므로 미래로부터 우리를 판단하는 이 태도를 가져야 한다. 지금 여기서 누가 옳은지는 잘 드러나지 않을 수도 있다. 그러나 사태가 회복되는 때에 잘못된 버릇이 들어서 공예배가 제대로 시행되지 않는 교회 공동체는 잘못된 교회다. 그 교회 공동체를 구성하는 구성원들은 철저히 회개해야 한다. 우리가 그런 구성원들이 되지 않으려면 지금 여기서 먼저 회개하면서 하나님의 뜻을 향해 나아가야 한다.

둘째로, 우리가 참으로 하나님 앞에서 겸비한 마음을 가지고 있는지를 잘 생각해야 한다. 이런 문제를 스스로 해결할 수 있다는 어리석은 생각을 온전히 버려야 한다. 하나님께 온전히 의존하는 자세를 가지지 않거나 반쯤만 의존하는 것도 문제이다. 둘 다 하나님을 믿지 않는 것이기 때문이다. 그러므로 우리가 참으로 가난한 마음, 겸비한 마음을 가지고 하나님을 필요로 하는지를 각자가 스스로에게 심각하게 물어야 한다. 코로나 바이러스의 퇴치보다 하나님을 더 필요로 하는지를 물어야 한다. 그것이 가장 정상적이고 바른 것이기 때문이다.

마지막으로, 우리들이 참으로 하나님의 뜻에 충실한지를 날마다 점검해서 우리의 생각 가운데 잘못된 생각은 버리고 성경이 말하는 바른 생각으로 채워가야 한다. 과연 그렇게 하는지 아닌지가 이 글에서 제시한 두 가지 중요한 요점을 제대로 생각하고 그에 충실한가를 통해서 잘 드러난다. (1) 이런 상황에서 하는 온라인 예배를 교회 공동체가 결정해서 할 수는 있지만 비정상적인 것이라고 생각하는가, 아니면 이것도 충분히 바르게 예배하는 것이라고 생각하는가? (2) 정부와 방역당국이 교회 공동체의 예배에 대해서 필요한 경우에는 통제할 수 있다고 생각하는가, 아니면 통제할 수 없다고 생각하는가? 혹시 이 질문들에 대한 정확한 답을 아직 모르겠거든, 이 글을 처음부터 다시 읽어보기를 권한다. 우리는 늘 잘못 생각하며 잘못 판단할 수 있으나, 하나님의 뜻에 맞추어 갈 수 있는 은혜 가운데 있다.

‖ 점검 및 적용 ‖

- 공예배의 중요성에 대해 논해보라.
- 예배와 감사하는 마음은 어떤 관계가 있는가?
- 온라인 예배는 정상적인 것인가, 비정상적인 것인가? 그 이유는 무엇인가?
- 예배에 참석할 뿐 함께 살아가는 교회가 되지 않을 때 어떠한 문제가 있는가?

- 온라인 예배를 할지, 현장 예배를 할지 결정하는 주체는 누구인 가? 그 이유는 무엇인가?
- 온라인 예배를 선택한 교회가 주의해야 할 네 가지 사항은 무엇 인가?
- 교회 공동체가 방역당국의 허락에 따라서 모이거나 모일 수 없 는 것이라는 생각을 하는 것은 합당한가?
- 코로나19 상황 아래 참된 교회의 마땅한 자세는 무엇인가?

9장

교회의 예배 방식에 대한 결정과
이를 위한 고려 사항

이승구

코로나19와 같은 전염병 창궐 상황에서 교회 공동체는 예배 방식을 결정함에 있어서, 성경적, 신학적 고려 외에도 다른 여러 요소들을 고려하여 판단해야 한다. 이를 위해 교회는 어떤 전문가들의 도움이 필요한지, 이것을 효과적으로 하기 위해 과연 어떻게 하는 것이 좋은지에 대해서 논의해보자.

평상시에 정상적인 예배는 어떻게 해야 하는가

코로나19 사태는 그저 하던 대로 하면 될 줄 알았던 교회 공동체의 예배에 대해서 과연 그것이 어떻게 행해져야 하는지를 생각해보게 하는 좋은 기회도 된다. 비상한 시기의 예배 방식에 대해 논의하기 전에, 평상시^{ordinary times}에는 과연 공동체의 예배가 어떻게 행해져야 하는지를 먼저 이야기해보자.

각 교회 공동체는 성경의 원칙에 근거하고, 역사적으로 바른 교회들이 예배해 온 방식을 참조해서, 예배 순서를 정해서 하나님께 예배하게 된다. 다시 한번 강조하지만, 예배禮拜는 (1) 구속받은 하나님의 백성들인 교회 공동체가, (2) 오직 그리스도의 구속 사건에 근거해서, (3) 성령님의 역사 아래서, (4) 삼위일체 하나님께 예를 갖추어 절하는 일이다. 이 네 가지 조건이 충족되지 않는 것은 기독교 예배가 아니다. 이 네 요소가 다 있어야 하나님께 예배하는 것이다. 그러할 때, 참 교회가 있고, 참 교회의 참된 예배가 있다.[1]

그런데 예배는 그저 우리들이 원하는 대로 하는 것이 아니고, 오직 성경이 규정한 요소들을 가지고 해야 한다. 이것을 예배에 대한 "규정적 원리"regulative principle라고 한다. 그러나 예배의 정황적인 것들circumstances은 성경에 규정되어 있지 않다. 즉 예배를 구성하는 요소들을 어떤 순서로 배열할 것인지, 어디서 예배할 것인지(장소), 얼마나 많은 사람들이 모여서 예배할 것인지(규모) 등의 정황적 요소들에 대해서는 여러 교회의 모습을 돌아보면서, 특히 과거 교회들의 모습을 보면서 각각의 교회 공동체가 하나님이 주신 지혜와 사리분별을 사용해서 정한다. 여기서 각 교회 공동체의 당회

---

1. 이 문제를 좀 더 자세히 생각해 보려면 이승구,《한국 교회가 나아갈 길》48-56p, CCP; 이승구,《교회란 무엇인가》305-320p, 381-395p (말씀과언약, 2020)을 보라.

에 해당하는 대의 기관이 매우 중요한 역할을 한다. 교회 공동체가 예배의 정황과 관련해서 결정하는 권위는 당회에게 속한다. 이때, 당회는 2,000년 교회사에서의 예배의 원리와 방식을 잘 살펴본 목사들의 의견을 존중하면서 예배 방식을 결정해야 할 것이다.

이때, 그 교단에 속한 총회(전국 교회의 대표자들이 모이는 확대 회의체)가 일종의 예배 모범을 제안하여 그 교단 안의 교회들의 예배가 어느 정도 유사성을 갖게 하는 것이 건전하고 바른 교회의 생각이었다. 그래서 도르트 대회에서 예배 방식에 대한 제안을 하기도 하였고, 웨스트민스터 회의가 예배 모범을 만들어 제안하기도 했었다. 그 모든 제안들을 참조하여 각 교회 공동체가 과연 어떤 식으로 예배할 것인지는 각 교회 공동체가 결정할 수 있다는 것이 가장 건전한 교회들의 입장이었다.

과거 천주교회나 성공회, 심지어 루터파 교회에서는 특정한 예배 방식을 정하여 그 교단 안에 있는 모든 교회가 이를 따라야 한다고 하면서 성경에 언급되지 않은 것을 예배 순서 중에 넣어 강제하였다. 그 대표적인 것이 영국 성공회의 기도서Book of Prayer이다. 이는 사실 일정한 기도문과 일정한 양식에 따라 예배하도록 강제한 것이다. 이에 대해 청교도들이 반발하면서 오직 성경에 근거한 예배를 해야 한다고 주장했고, 각 공동체의 결정권을 강조하였다. 결국 복잡한 역사적 과정을 거치면서 웨스트민스터 회의의 예배 모범 제안이 나타나게 되었다.

이 과정에서 강조된 것은 교회 공동체의 예배를 (1) **국가의 통치자가 좌지우지하려고 하면 안 된다**는 것이다. 당시의 건전한 교회들은 영국의 왕이나 여왕이 예배 방식을 규정하려고 했을 때 강하게 저항하였다. 또한, (2) **국가 교회가 그것을 규정하려고 해서는 안 된다.** 국가 교회는 그 회의에서 어떤 제안을 할 수 있지만 최종적인 권한은 각 교회 공동체에 있음을 강조한다는 이 원리는, 개혁파적 교회 원리 중 하나이다. "교회의 권세는 기본적으로 지교회의 치리기관 안에 있다."[2] 그러므로 우리는 오랜 세월의 투쟁을 통해서 얻고 지켜온 이 원칙을 항상 중요시해야 한다.

물론 각 교회 공동체는 (1) 오직 성경에 근거한 예배의 요소들만 인정해야 하고, (2) 총회에서 결정한 사안은 그것이 성경 말씀에 명백히 어긋나지 않는 한 그대로 따르며, (3) 특히 과거 교회들이 "예배 모범"으로 제시한 바를 매우 중요한 표본으로 삼아서 각 교회의 예배 방식을 정하려고 해야 한다. 이것이 평상시 예배 방식에 대해서 교회 공동체가 결정하는 방식이다.

---

2. 이를 간단히 요약하여 제시한 Louis Berkhof, *Systematic Theology* (Grand Rapids: Eerdmans, 1942), 581p를 보라.

코로나19 상황과 같은 비상시의 예배 방식에 대한 결정은 어떻게 할 것인가(원칙 점검)

코로나19 상황과 같은 비상시의 예배 방식도 앞서 평상시의 예배 방식을 정한 것과 같은 원리가 적용되어야 한다. 분명히 하기 위해 그 원칙을 다시 한번 더 명료하게 점검해보자.

첫째로, 예배의 요소들은 오직 성경에 있으니, 예배에는 성경에서 제안한 요소들만 있어야 한다. 이것은 오직 성경에 의해서만 정해지는 것이다. 모든 바른 교회들은 이 점에 의견을 같이해야 하고, 달리 생각하려고 하는 것은 바른 교회됨에서 벗어나려고 하는 중대한 오류이다.

둘째로, 각 교회 공동체의 예배 방식을 결정하는 권한은 오직 각 교회, 그리고 그 대표 기관인 당회가 가진다. 다른 이들이 이에 대해서 좌지우지하려고 하면 안 된다. 중앙 정부나 지방 정부, 또는 방역당국이 예배 방식을 규정하려고 하면 안 된다. 또한 교단의 전체 회의체나 임원들이 예배 방식을 규정하려고 해서도 안 된다.

지혜가 부족할 때는, 과연 이런 상황에서 어떻게 예배하는 것이 좋을지에 대해 같이 모여 회의를 할 수 있다. 그리고 그 회의의 결정은 우리에게 좋은 모범이 될 수 있다. 따라서 넓은 회의체로 모여서 결정할 때, 올바르고 건강한 회의체는 예배 모범을 제안할 수 있을 것이다(17세기 웨스트민스터 회의는 예배 모범을 제안하였음). 각 교회 공동체는 그런 제안을 매우 존중하면서 좋은 모범으로 삼아 각 교회에 적용하려고 해야 한다.

이때, 회중교회적 입장과 개혁파적 입장의 차이가 확연히 나타난다. 회중교회적 입장은 넓은 교회 회의체의 논의와 결정을 그저 참조할 정도로만 생각한다. 그러므로 각 공동체가 독자적으로 있으면서 그저 느슨하게 연합하여 같이 의논하고 어떤 결정을 해도 각 회중이 받을 것인지 아닌지를 스스로 판단하는 것이다. 그러나 개혁파적인 입장을 가진 분들은 넓은 교회 회의체의 결정이 명백히 성경의 가르침에서 벗어나지 않는 한, 각 교회에도 규정하는 힘을 지니고 있다고 여긴다. 교회들의 유기성을 더 깊이 존중하는 것이다. 그런데 이런 교단들은 예배에 대해서는 그저 예배 모범을 모범적인 본보기로 제안을 할 뿐이지, 더 강한 구속력을 지닌다고 하지 않는다.

코로나19 상황과 같은 비상시의 예배 방식에 대한 결정은 어떻게 할 것인가(구체적 적용)

이제 좀 더 구체적으로 총회(확대 회의체)나 각 교회에서 비상시의 예배 방식을 결정할 때, 참조해야 할 것이 무엇인지 이야기해보자.

먼저 교회의 회의는 어떻게 진행되어야 하는가? 교회의 회의는 먼저 **성경의 절대적 원칙**에 충실하면서, 이제까지 교회 역사 속에서 교회들이 잘못한 것과 잘한 것들을 살펴보아야 한다. 그리고 과거 교회가 바르게 행한 것들을 성경에 따라서 행한 것으로 여기고 **상대적으로 중시**하면서, 여러 사람들이 성령님의 인도하심 가운데서 지혜를 모아야 한다. 이것이 교회의 회의의 의미이다. 교회의 회의는 그저 우리들의 의견을 모으는 것이나 좋은 아이디어를 얻기 위해서 소위 "브레인스토밍"brainstorming을 하는 것이 아니다. 교회의 회의는 항상 성령님의 인도하심 아래서 여러 사람의 지혜를 모으는 것이다.

코로나19 상황과 같은 비상시에는 의료인들의 의견을 듣는 순서도 가져야 한다. 특히 총회나 총회 특별 위원회에서 모범안을 제시하기 전에, 의사들과 의학자들의 자문을 충분히 받아야 한다(성령님을 의존하는 신실한 전문가들이 있을 것이다). 의료 전문가들은 과연 마스크를 쓰고 같이 모이면 문제가 없는 것인지, 어떤 상황에서는 그것도 좀 더 조심하면서 피하는 것이 좋은지 등에 대한 구체적인 의견들을 하나님 앞에서 신실한 사람들로서 제시해야 하고, 다른 분들은 그들의 자문을 경청하여 잘 들어야 한다. 이런 분들이 총회 특별 위원회의 역할을 할 수도 있을 것이다.

또한 우리의 결정이 법률적으로 어떤 결과를 가져올 것인지를 미리 살피기 위해서 역시 신실한 법률가들의 자문을 받을 수 있다. 그리고 총회 특별 위원회에 이런 법률가들이 위원으로 참여할 수도 있다.

그렇게 신학자들과 목회자들과 의학자들과 법률가들이 모인 총회 특별 위원회에서 각 영역의 의견을 참조하여 이런 상황에서 어떤 방식으로 예배하는 것이 바람직한지에 대한 의견서를 만들어 제출하면, 그것을 참조하여 각 교회 공동체의 당회는 비상시의 예배 방식을 효과적으로 결정할 수 있을 것이다. 한 교회 공동체에서 결정한 것의 결과가 온 세상에 영향을 끼친다는 점을 생각하면 한 교단에 속한 모든 교회들이 다 비슷한 방향으로 결정하는 것이 좋지 않을까 생각하게 된다. 하지만 그렇게 결정하는 것도 각 공동체가 기꺼이 동의하는 토대 위에서 그리해야 할 것이다.

‖ 점검 및 적용 ‖

- 예배의 규정적 원리란 무엇인가?
- 각 교회 공동체의 예배 방식을 결정하는 권한은 누구에게 있는가?
- 코로나19 상황과 같은 비상시의 예배 방식을 결정하는 데 총회는 어떠한 역할을 담당해야 하는가?

10장
예배 모임과 관련된
국가의 의무와 교회의 의무

조정의

1부
국가의 의무

교회가 자율적으로 결정할 영역을 침범하지 않을 의무

가정, 교회, 국가라는 기관은 각각 고유의 관할 영역을 가지고 있다. 이 기관들은 하나님이 위임하신 영역에서 각자 자신의 권위를 갖는다. 각 기관은 자신의 관할권을 넘어 타 기관의 권위 영역을 침범할 수 없다.

교회의 예배 모임 시행 방식을 결정하는 권위는 교회에게 있다. 그것은 교회가 자율적으로 결정할 문제로서 국가의 관할권 안에 있지 않다. 예를 들어, 예배 모임의 횟수, 장소, 모임 시간, 모임의 순서 등은 모두 교회가 자율적으로 결정할 사항이다.

따라서 국가는 집단 감염과 무관한 수만 개 교회의 예배 모임 방식을 결정할 권위를 가지고 있지 않다. 만일 그렇게 한다면 그것은 하나님이 오직 교회에게 위임하신 교회 권세의 관할권을 침범하는 일이다.

코로나19 발발 이후 국가는 어떻게 교회의 관할권 영역을 침범했는가? 국가는 일부 극소수 교회 안의 감염을 빌미로 전체 교회의 예배 모임을 규제하였다(식당, 카페, 직장 등에 대해서는 그렇게 일괄적인 운영 중단을 시키지 않았다).[1] 이러한 포괄적, 무차별적 규제는 명백한 관할권 위반이다. 국가는 이러한 관할권 위반의 행위를 행해서는 안 된다.

혹자는 일부 교회 때문에 전체 교회가 부당한 단체 기합을 받고 있다고 말하기도 하고 "교회 탄압"이라고 말하기도 한다. 이런 말들도 일리가 있지만 보다 정확하게 말하자면 국가가 하고 있는 행위는 "관할권을 넘어 교회의 자율성 영역을 침범한 규제"이다.

---

1. 감리교 바른신문 2020년 9월 17일자 기사 "9월 1~15일 보름간, 서울서 확진자 나온 교회, 전체의 0.04%에 불과". 지난 5월 이태원 클럽에서 집단 감염이 일어났을 때, 서울시와 경기도에서 클럽과 유흥주점 등에 집합금지명령을 내린 적이 있다. 하지만 서울시 집합금지 대상은 약 200여 곳이고 현장 예배 금지명령을 받은 서울시 교회는 7,000여 개다. 그중 신규 확진자가 나온 교회의 수는 전체의 0.04%에 불과하다.

국가가 관할권을 넘어 예배 모임의 가치를
자의적으로 판단하지 않을 의무

2020년 8월 20일, 서울시 소재 개신교 교회들이 서울시와 방역당국의 현장 예배 금지 조치가 부당하다고 법원에 집행정지 신청을 제기했다. 그러나 법원은 이를 기각했고, 교회가 현장 예배를 하지 못할 때 생기는 손해보다 현장 예배를 금지함으로써 발생하는 공익이 더 크다는 것을 판결의 이유로 들고 있다.[2] 재판부는 현장 예배 금지가 예배 자체를 막은 것은 아니라고 판시하면서 결과적으로는 예배에 대한 고도의 신학적 판단을 내렸다(다른 형식으로 예배를 할 수 있다는 것을 인정하는 결과). 그리고 그 근거로 예배의 본질에 대해 교회 내부에 다양한 의견이 있다는 것을 들었다.

그렇다면 이 판결에서 재판부가 한 일은 무엇인가? 예배 모임을 온라인 예배로 대체할 수 있는지에 대해 교회 안에 엇갈린 신학적 주장이 있는 것이 현실이다. 그런데 재판부는 그런 여러 신학적 주장들에 대해 자신은 어느 것이 옳은지 판단할 위치에 있지 않다는 "관할권 없음" 선언을 하지 아니하고, 교회 안에 여러 주장이 있으니 그중 한 주장(현장 예배 금지는 예배 자체를 막은 것이라는 주장)을 배척해 버렸다. 이것은 엄청난 월권이다. 재판부가 현장 예배 모임의 가치에 대하여 실직적으로 고도의 신학적 판단을 내린 것

---

2. 조선비즈 2020년 9월 4일자 기사 "'교회 대면예배 금지' 집행정지 청구 기각…法 '종교의 자유 침해 아냐'"

과 다름없다. 법원은 그러한 논리전개를 통해, 종교의 자유가 현저하게 제한받는 상황 속에서 교회 셧다운의 불이익보다 공익이 더 크다고 스스로 결론 내렸다. 대통령이든 도지사든 시장이든 입법부든 사법부든, 어떠한 국가 기관이라도 이러한 신학적 문제에 대해 판단할 권위가 없다. 이것은 관할권 위반이며, 국가는 관할권 위반의 재판 행위를 해서는 안 된다.

질병에 관한 구체적 정보를 알리고 도울 의무

2017년 발표한 통계청 자료에 따르면 대한민국 개신교 신도는 9백만 명을 넘는다.[3] 이는 대한민국 전체 국민의 17% 정도 되는 숫자다. 국가는 헌법에 따라 국민의 건강과 환경 보전을 위하여 노력해야 하는 의무의 일환으로서, 예배 모임에 위험성이 있다면 왜 위험한지 얼마나 위험한지 최대한 정확하고 구체적인 정보를 제공할 의무가 있다. 이를 통해 교회가 대내외 안전을 도모할 수 있도록 도와야 한다.

교회는 교인의 건강을 위험에 노출시키는 것을 기뻐하지 않는다. 교인 가운데 바이러스가 전염되는 것을 원하는 교회 지도자는 하나도 없다. 극히 일부이지만 교회에서 감염이 일어난 경로나 이유는 무엇인지, 어떤 행동을 조심해야 하는지, 마스크를 쓰면 얼마나 안전한

---

3. 통계청, 인구총조사, 2017년 1월 5일.

지, 교회 활동 중 어떤 부분을 조심하면 좋은지 객관적인 정보를 알려주어야 한다.

확진자 수, 확진자 동선 등의 단순 정보로는 도움이 안 된다. 국가는 훨씬 구체적인 의학적, 통계적 정보를 제공하여야 한다. 비단 교회 모임뿐만 아니라 현재 어떤 모임에는 어느 정도의 위험성이 있는지, 예배 모임에서 어떤 마스크를 사용하면 다른 종류 마스크 대비 얼마나 더 안전한지, 마스크를 착용하지 않으면 통계상 어떤 일을 예상할 수 있을지 등에 관한 정보를 객관적으로 취득하고 전달하여 교회의 판단에 사용될 수 있도록 도와주어야 한다.

또한 마스크를 착용한 예배 모임은 왜 감염 사례가 이토록 적은지 그것이 어떤 의미인지 의학적, 과학적으로 분석해서 교회에 전달하여야 한다. 그리고 마스크를 쓰고 발열자를 배제한 예배 모임에서 1m 거리두기 제한이 어느 정도의 의미를 갖는지 수치적으로 밝히고, 그것이 별 의미 없는 족쇄라면 그러한 필요 없는 제한을 가해 실질적으로 예배를 폐하는 일이 없게 할 책임이 있다. 그것이 국민의 종교의 자유를 소중히 여기는 책임 있는 정부의 마땅한 의무이다.

국가는 지금이라도 교회에 제대로 된 정보를 제공해야 한다. 다행히, 마스크 착용한 모임의 극히 제한적인 위험성에 대해서는 통계상 충분히 밝혀지고 있다. 또한, 민간 연구 결과 마스크의 탁월한 질병 예방 효능에 관한 다수의 유용한 정보가 밝혀졌다. 교회는 그러한 정보를 바탕으로 이제 바르게 판단할 수 있게 되었다. 그럼에도 국가의 조력이 있다면 많은 도움이 될 것이다. 국가는 앞에서 언급한 정확하고 필수적인 정보를 제공하여 많은 국민이 불필요한 오해 없이 안전하게 헌법이 보장하는 종교의 자유를 누릴 수 있게 해야 한다.

잘못된 여론 때문에 생긴 국민의 불안을 잠재우고 종교의 자유 향유에 협조할 의무

여론은 교회에 매우 부정적이다. 가장 큰 요인은 사랑제일교회의 대규모 집단 감염을 전후하여 교회발 집단 감염 사례들이 언론에서 집중적으로 보도되었기 때문이다. 언론에서는 교회를 코로나 전파의 주된 원인처럼 다루었고 때로는 하루 확진자 중 극히 일부의 교인이 있어도 "교회발"이라는 메인 기사로 소개하였다. 연일 올라오는 "○○교회 n차 감염", "○○교회 누진 확진자" 등의 기사는 마치 모든 교회 안에서 엄청난 확진자가 발생하고 있는 것처럼 오해하게 만들었다. 99% 이상의 교회가 충분한 주의를 기울이고 있으며 아무런 감염이 발생하지 않았다는 사실은 누락되고, 일부 교회의 문제만 크게 부각시켰다.[4] 이런 부정적인 여론은 교회 밖에만 두려움과 분노를 생성한 것이 아니라 교회 안의 성

---

4. 경기도 뉴스 포털 2020년 4월 9일자 기사 "'99%는 잘 지키는데'··· 도, 공무집행 방해하며 방역수칙 위반한 교회 고발"

도에게까지 영향을 미쳤다. 일부 성도나 그 가족들은 교회가 다른 곳보다 훨씬 위험하고 질병 확산이 많이 일어나는 곳인 것처럼 잘못 인식하기도 한다.

현시점에서 국가는 교회가 매우 위험하고 불안한 장소인 것처럼 조장하는 언론과는 달리 책임 있는 자세로 국민에게 바른 정보를 알려주어야 한다. 교회 집단 감염이 여론의 호들갑과는 달리 확진자 중 점유율이 매우 미미하다는 사실을 밝혀야 마땅하다(확진자 중 교회 감염은 실질 점유율 2%대 내지 5%대로 추정됨. 1장 참조—편집주). 그래서 교회 안팎의 수많은 국민이 불필요한 염려와 두려움을 갖지 않도록, 또한 17%의 국민이 안전하고 건강하게 헌법이 보장하는 종교의 자유, 예배의 자유를 누릴 수 있도록 도와주어야 한다.

2부
교회의 의무

성경은 모든 신자에게 영과 진리로 하나님을 예배할 것을 요구하고(요 4:23-24), 신자의 모임인 교회는 성령이 거하시는 신령한 집으로(고전 3:16) "예수 그리스도로 말미암아 하나님이 기쁘게 받으실 신령한 제사를 드릴 거룩한 제사장" 곧 예배 공동체가 되어야 한다(벧전 2:5). 특별히 모여서 함께 드리는 공예배의 중요성은 히브리서 기자가 말한 것처럼 "그 날이 가까움을 볼수록 더욱" 강조되어야 하는데, 코로나를 비롯한 여러 가지 외부 환경에 대응하여 교회가 어떻게 예배의 특권을 누리며 의무를 다할 수 있을지 생각해보자.

내부적인 노력

1. 무엇보다도 성도의 영적 건강을 돌봐야 한다.

마지막 사도였던 요한은 장로 가이오에게 편지하면서 "내가 내 자녀들이 진리 안에서 행한다 함을 듣는 것보다 더 기쁜 일이 없도다"라고 말했다(요삼 4절). 요한이서에서는 여성도와 그 자녀들에게 편지하면서 "너의 자녀들 중에 우리가 아버지께 받은 계명대로 진리를 행하는 자를 내가 보니 심히 기쁘도다"라고 말했다(요이 4절). 사도는 지역교회 장로와 성도들이 무엇보다 진리 가운데 굳게 서서 하나님이 기뻐하시는 일에 충성하기를 원했다.

교회는 성도에게 공예배의 중요성과 가치에 관해 가르쳐야 한다. 현장 예배에 대한 정부의 규제를 교회마다 혹은 성도마다 다른 시각으로 바라볼 때, 무작정 정부의 지침대로 따라가거나 성도의 의견에 맞춰 예배 형식을 결정할 것이 아니라, 무엇이 하나님을 기쁘시게 하고 성도의 영적 건강에 더 좋은 예배 형식인지를 면밀히 검토해야 한다. 신학자와 교회 지도자들이 함께 온라인 예배를 통해 손상된 예배의 가치와 그것이 영적으로 성도에게 미치는 부정적인 영향을 파악하기 위해 논의하고, 모여서 드리는 예배가 성도의 영적 건강에 얼마나 필수적인지 선포하고 가르쳐서 성도가 한마음으로 진리 안에서 굳게 행하도록 해야 한다.

세상은 예배가 가진 영적 가치와 유익을 절대 헤아릴 수 없다. 그러므로 세상은 외부 요인에 따라 언제든 예배를 다른 형식으로 교체하거나 잠시 멈추어도 괜찮다고 설득한다. 이럴 때일수록 교회는 흔들리는 성도의 마음을 굳게 붙들고 예배 공동체로서 함께 모여 하나님을 기쁘시게 하는 일이 예배자에게 얼마나 큰 특권이자 유익이며 영광스러운 가치를 갖는지 성경을 통해 충분히 확증해야 한다.

2. 성도의 육체적 건강을 돌봐야 한다.

사도 요한은 장로 가이오에게 편지하면서 "사랑하는 자여 네 영혼이 잘됨 같이 네가 범사에 잘되고 강건하기를 내가 간구하노라"라고 축복했다(요삼 2절). 교회는 성도가 "진리 안에서 행"하는 것을 가장 기쁘게 여기면서 동시에 사랑하는 성도가 범사에 잘되고 강건하기를 간구해야 한다. 이는 성도의 생명과 건강을 보호하기 위해 교회가 적극적으로 노력해야 한다는 말이다.

교회 안의 각종 모임이 객관적, 의학적으로 어떤 위험 요소를 가지고 있는지 정확하게 파악하고, 검증된 정보를 성도에게 알려 불필요한 염려나 두려움을 해소하고, 나태하고 느슨한 태도를 고쳐 합당하게 대응하도록 권해야 한다. 국내외 전문 기관의 자료와 전문의 등의 자문을 통해 신뢰할 수 있는 결론을 도출하고 성도가 안전하게 교회 각종 모임에 참여할 수 있도록 안내해야 한다.

안타깝게도 몇몇 교회가 성도의 건강을 보호하고 돌보는 일에 안일하게 대응하여 질병의 집단 감염 통로가 되고 사회적인 지탄 대상이 되기도 했다. 각각의 지역 교회는 반드시 성도의 건강을 책임지고 돌봐야 한다. 예배 모임 방법을 결정하는 데 있어서 앞서 말한 현장 예배의 성경적인 가치를 충분히 고려하되, 동시에 교회 내 각종 모임의 안정성에 대한 객관적이고 의학적인 사실을 자세히 파악하고, 교회와 국가의 관할권에 대한 신학적 이해를 분명히 하고 이와 관련된 법률적 관계도 면밀히 파악한 후 성도가 안전하고 건강하게 예배의 자유를 누릴 수 있도록 결정해야 한다.

외부적인 노력

1. 주를 위하여 제도를 사용해야 한다.

사도 베드로는 소아시아 교회에 편지하면서 "인간의 모든 제도를 주를 위하여 순종"하라고 명령했다(벧전 2:13). 민주주의와 법치주의를 내버린 국가 아래 고통받는 교회들은 국가가 휘두르는 폭력적인 관할권 침범에 맞서 목숨까지 걸면서 "주를 위하여" 예배를 드리고 있다. 하지만 대한민국은 민주주의 국가이며 철저히 법에 따라 자유와 권리를 보호받는다. 그러므로 교회는 특별한 외부 요인에 따라 국가가 국민의 건강을 보호하기 위해 여러 가지 정책을 시행할 때, 수시로 교회의 관할권을 침범하는 경우 교회가 가진 관할 영역이 무엇인지 국가에 분명히 알리고 그 법적 권리를 주장할 수 있다. 이것은 제도에 대한 반발이 아니라 오히려 하나님의 섭리와 선물로 주어진 이 땅의 제도에 주를 위하여 순종하는 길이다.

최근 미국 법정에서는 계속해서 교회가 법적으로 주장한 관할 영역을 인정하고 예배의 자유를 허용하는 판결이 내려지고 있다. 제도 안에서 합리적, 합법적 권리를 주장함으로 예배의 가치를 보존하고 예배의 자유와 권리를 누릴 수 있다면, 교회가 그런 노력을 하지 않을 이유는 없다. 여러 법률 전문가들을 통해 국가 규제의 위헌성과 위법성 등을 검토하고 필요한 경우 법적 절차를 밟아 권리를 보호해야 한다. 사도 바울이 복음을 전파하는 일에 로마 시민권을 사용했던 것처럼(행 22:28), 교회는 계속해서 진리와 복음을 세상에 선포하기 위하여 이 땅에 세워진 제도를 활용할 수 있어야 한다.

한 가지 중요한 것은 주를 위하여 제도를 사용하는 일에 교회가 한목소리를 내야 한다는 것이다. 몇몇 유별난 교회의 억지 주장처럼 비춰지지 않도록, 또한 법정에서 교회 내부 의견이 다양하다는 이유로 무시할 수 없도록, 교회는 공통된 입장을 갖고 함께 예배의 자유와 권리를 찾는 일에 힘써야 한다.

2. 이웃을 위하여 진리를 알려야 한다.

성경은 "이웃에게 악을 행하지" 않는 사랑을 베풀라고 명령한다. 교회는 "이웃을 기쁘게" 하는 "선을 이루고 덕을 세"워야 한다(롬 13:10, 15:2). 교회가 간구해야 할 영육 간의 잘됨과 강건함의 대상은 성도뿐만 아니라 이웃도 해당된다. 최근에 교회가 많은 비난을 받는 이유는 이웃에게 해를 끼치고 선이 아닌 악을 행하고 있다는 오해를 받기 때문이다. 그러면 어떻게 이런 오해를 불식시키고 이웃의 덕을 추구할 수 있을까?

진리의 기둥과 터인 하나님의 교회는(딤전 3:15) 마땅히 참된 것을 말함으로써 이웃 사랑을 추구해야 한다(엡 4:25). 이웃이 원하는 대로 교회가 중요하게 여기는 것들을 바꾸는 것은 참 이웃 사랑이 아니다. 만일 이웃이 교회가 고수하는 가치를 잘 헤아리지 못하고 여러 가지 오해를 하고 있다면, 참된 것을 말하여 그 오해를 해소하는 것이 교회가 할 일이다. 예를 들어 교회 모임의 위험성이 실제로 얼마나 되는지 의학적, 과학적 사실을 제공하고, 교회가 지키려는 예배의 가치가 성경적으로 얼마나 뛰어난지 설명하며, 성도와 이웃의 건강을 보호하기 위해 실제로 교회가 얼마나 많은 노력을 하고 있는지 보여주는 일 등을 통해 세상에 쏟아지는 여러 과장된 정보와 편견으로 생긴 이웃의 불안감을 해소해줄 수 있을 것이다.

사도 베드로는 "죄가 있어 매를 맞고 참으면 무슨 칭찬이 있으리요"라고 물었다(벧전 2:20). 교회는 잘못한 것에 대해 이웃에게 사과하고 하나님 앞에 회개하여 교정할 필요가 있다. 하지만 "선을 행함으로 고난을 받"는 것에 대해서 사과할 필요는 없다. 이웃을 사랑하는 일에는 오랜 인내와 겸손이 필요하다. 참된 것을 말해도 믿지 않고 오해하고 비난할 사람은 많다. 성경은 그런 "부당하게 받는 고난"을 "하나님을 생각함으로…참으면 이는 아름"답다고 말한다(벧전 2:19). 하나님 앞에 아름다운 이웃 사랑은 이처럼 부당한 고난을 참아내면서 하나님을 기쁘시게 하는 선을 이웃에게 베푸는 것이다. 이 일에는 정부와 소통하며 설득하는 일, 의견이 다른 그리스도인들을 사랑 안에서 설득하고 용납하는 일도 포함한다.

마이클 바렛은 그리스도와 교회의 관계를 머리와 몸으로 비유하면서 "우리가 안전한 이유는 하나님이 머리를 통해 몸을 보시기 때문이고, 우리가 의무를 감당해야 하는 이유는 세상이 몸을 통해 머리를 보기 때문이다."라고 말했다. 그러면서 바렛은 "머리에 대한 세상의 평가가 몸을 보고 느끼는 것을 통해 결정될 때가 많다는 사실은 우리의 정신을 번쩍 들게 만드는 현실이 아닐 수 없다. 이런 사실은 우리의 믿음을 실천하는 방식에 지대한 영향을 미친다."라고 말했다.[5]

그리스도의 몸인 교회가 이 땅에서 맡겨진 의무를 신중하게 감

---

5. 마이클 바렛,《기독교적 삶의 아름다움과 영광》중 "1장. 믿음을 살아내는 삶" (개혁된실천사, 2020) 조엘 비키 편집, 18p.

당해야 하는 이유가 여기에 있다. 교회는 이 땅에서 머리이신 그리스도를 나타낸다. 세상은 교회를 보며 그리스도를 평가한다. 예배 공동체로서 교회는 지금 이 땅에 그리스도를 얼마나 영광스럽고 고귀한 분으로 나타내고 있는가? 사랑 공동체로서 교회는 그리스도의 사랑을 얼마나 온유하고 겸손하게 베풀고 있는가? 교회와 세상을 둘러싼 외부 환경이 앞으로 어떻게 변해갈지 모르지만, 우리는 언제나 은혜와 진리가 충만한 그리스도의 영광을 환경 때문에 조금이라도 감추기보다는 보는 자마다 그 영광의 빛을 볼 수 있도록 만들어야 한다. 교회의 머리이신 그리스도께서 말씀하셨다. "너희는 세상의 빛이라"(마 5:14). 우리 빛이 사람 앞에 비치게 하여 하늘에 계신 우리 아버지께 영광을 돌리게 하자(마 5:16).

‖ 점검 및 적용 ‖

- 전염병이 닥쳤다고 해서 전국의 160명 이상의 시장, 군수, 도지사, 대통령 등이 자신의 판단대로 교회 문을 열었다 닫았다 하는 권세를 갖는 것이 성경적인가?
- 코로나19 상황 속에서 국가는 예배 모임에 대해 어떤 의무를 갖는가?
- 여론이 부당하게 교회에 화살을 돌릴 때 국가는 어떠한 일을 해야 하는가?

- 코로나19 상황 속에서 교회는 성도의 영적 건강을 돌보기 위해 무엇을 하여야 하는가?

- 코로나19 상황 속에서 교회는 성도의 육체적 건강을 돌보기 위해 무엇을 하여야 하는가?

- 교회는 위헌적, 위법적 정부 정책과 관련하여 사법 제도 안에서 어떤 노력을 해야 하는가?

- 진실을 오해하는 이웃을 위해 교회는 어떠한 일을 하여야 하는가?

11장
코로나19와 국제인권규범

정소영

코로나19의 발생과 현재 상황

2020년 3월 11일은 세계보건기구^{WHO}가 코로나19를 팬데믹 Pandemic(감염병의 세계적 유행현상)으로 선언한 날이다.[1]

코로나19는 2020년 초부터 중국과 가까이 있는 우리나라를 비롯하여 전 세계로 퍼져 나갔다. 2020년 10월 7일 현재 전 세계적으로 약 3천6백만 명의 확진자가 발생했는데, 그 가운데 약 1백만 명이 사망했고, 완치된 사람들은 약 2천7백만 명이라고 전해진다.[2]

---

1. 타임지 2020년 3월 11일자 "World Health Organization Declares COVID-19 a 'Pandemic.' Here's What That Means"

2. Worldmeter, 2020년 10월 7일 기준.

전 세계적으로 코로나 사태가 장기화되면서, 이번 사태가 단순히 각 나라 국민들의 건강 문제만이 아니라 삶의 전 영역을 새로운 패러다임으로 전환시키고 있는 실정이다. 그것도 전례가 없이 빠른 속도와 저항할 수 없는 정치적인 힘에 의해서 말이다.

먼저 이동의 자유가 제한되면서 각국의 상품과 서비스의 교역이 현저히 감소하여 경제와 산업 전반의 침체가 지속되고 있다. 특히 산업 생태계가 기초부터 흔들리면서 영세 자영업자들이 매우 큰 어려움을 겪고 있다. 대부분의 만남이 비대면이 되면서 교육의 공백과 격차가 극심해졌을 뿐 아니라 집에 있는 시간이 길어지면서 가정 내 폭력이 증가하는가 하면, 우울증과 자살이 늘어나는 등 개인의 사적인 삶의 질도 현저히 떨어지고 있다.

국제적으로는, 코로나 사태를 이용하여 독재 권력을 강화하거나 국민의 기본권을 침해하는 일들이 많아지고 있다고 한다. 중국은 말할 것도 없거니와 북한, 라오스, 미얀마, 러시아 등에서는 자국의 코로나 사태에 대한 정확한 정보를 공유하지도 않고, 이 사태를 어떻게 처리하고 있는지도 외부 세계에 비밀로 하고 있다. 온두라스의 경우, 정적을 감금하는 구실로 코로나 사태를 이용하고 있다고 전해진다.[3]

이에 유엔은 "COVID-19와 인권 유엔 사무총장 정책 보고서"

---

3. International Federation for Human Rights (Fidh): *"COVID-19: Prioritise human rights and protect the most vulnerable"*, Mar. 27, 2020.

와 "COVID-19 인권보호지침" 등을 배포하면서 팬데믹에 의해 개인의 기본권이 침해되는 일들을 최소화할 것과 사회적인 약자에 대한 보호를 강조하고 있다.

코로나19 팬데믹 상황을 규율하는 국제법적 규범

전염병과 국가의 책임과 한계에 대한 ICCPR 규정 고찰

코로나 사태와 같이 전례가 없는 팬데믹 상황에 대한 국제사회의 대응은 기본적으로 각국 정부의 주권은 인정하되, 1948년 세계인권선언 이후에 국제사회가 조약이나 관습 등으로 규범화해 놓은 기본적인 기준과 원칙을 지켜야 함을 분명히 하고 있다.

특히 팬데믹 상황에서 문제가 되는 것은 전염병으로부터 국민의 생명을 지키기 위한 정부의 책임과 그 한계는 어떻게 되는 것인가에 대한 문제이고, 이것은 주로 국제인권법International Human Rights Law과 국내의 공공보건법Public Health Law 등과 관련되어 논의되고 있다.

팬데믹 상황에서 정부는 시급하고도 적극적으로 국민의 생명을 보호할 의무와 책임을 지게 된다. 인간에게 가장 기본적인 인권이 바로 생명권이기 때문이다. 그러나 이러한 생명권을 지키는 일조차도 반드시 법적인 근거와 절차를 따라야 하며, 가능한 한 최소한의 조치를 선택하여 자의적이거나 차별적이지 않게 적용해야 한다는 것이 지금까지 국제사회가 동의한 것이고 국제인권법에도 명시된 내용이다.

2020년 4월 27일, 유엔에서는 "Emergency Measures and COVID-19"(코로나19와 응급조치)라는 제목의 짧은 문서를 통해 이번 코로나 사태에서 각국 정부가 특정한 대응조치를 취할 경우 참고해야 할 원칙들을 ICCPR Article 4를 기준으로 제시하였다.[4]

다음의 내용은 그 내용을 소개하고 해설하는 방식으로, 코로나19 상황에서 각국의 방역조치에 대하여 국제인권법적인 관점에서 어떤 기준과 원칙을 적용해야 하는 것인지를 정리하였다.

먼저 해당되는 국제조약과 조문은 다음과 같다.

ICCPR (International Covenant on Civil and Political Rights : 시민적, 정치적 권리에 관한 국제규약)[5]

Article 4

1. In time of public emergency which threatens the life of the

---

4. https://www.ohchr.org/Documents/Events/EmergencyMeasures_COVID19.pdf

5. ICCPR은 1948년 세계인권선언(Universal Declaration of Human Rights)과 ICESCR(International Covenant on Economic, Social, and Cultural Rights) 등과 함께 유엔의 주도로 이루어진 국제인권규범의 하나로서, 이 세가지 문서를 합하여 국제권리장전(International Bill of Human Rights)이라고 부른다.

nation and the existence of which is officially proclaimed, the States Parties to the present Covenant may take measures derogating from their obligations under the present Covenant to the extent strictly required by the exigencies of the situation, provided that such measures are not inconsistent with their other obligations under international law and do not involve discrimination solely on the ground of race, colour, sex, language, religion or social origin.

2. No derogation from articles 6, 7, 8 (paragraphs I and 2), 11, 15, 16 and 18 may be made under this provision.

3. Any State Party to the present Covenant availing itself of the right of derogation shall immediately inform the other States Parties to the present Covenant, through the intermediary of the Secretary-General of the United Nations, of the provisions from which it has derogated and of the reasons by which it was actuated. A further communication shall be made, through the same intermediary, on the date on which it terminates such derogation.

위 내용을 해석하면 아래와 같다.

제4조

1. 국민의 생존을 위협하는 공공의 비상사태의 경우에 있어서 그러한 비상사태의 존재가 공적으로 선포되어 있을 때에는 이 규약의 당사

국은 당해 사태의 긴급성에 의하여 엄격히 요구되는 한도 내에서 이

규약상의 의무를 위반하는 조치를 취할 수 있다. 다만, 그러한 조치

는 당해국의 국제법상의 여타 의무에 저촉되어서는 아니되며, 또한

인종, 피부색, 성별, 언어, 종교, 사회적 지위를 이유로 하는 차별을

포함하면 아니된다.

2. 전항의 규정은 제6조, 제7조, 제8조(제1항 및 제2항), 제11조, 제15조,

제16조, 제18조에 대한 위반을 허용하지 아니한다.

3. 의무를 위반하는 조치를 취할 권리를 행사하는 이 규약의 당사국은,

위반하는 규정 및 위반하게 된 이유를, 국제연합사무총장을 통하여

이 규약의 타 당사국들에게 즉시 통지한다. 또한 당사국은 그러한

위반이 종료되는 날에 동일한 경로를 통하여 그 내용을 통지한다.

ICCPR은 이름 그대로 국가를 상대로 시민이 누릴 수 있는 인
간의 존엄성과 자유를 최대한 보장하고자 하는 국제사회의 약
속이다. 이 조약에 따라 인간은 생명에 대한 권리, 신체의 자유
와 인권을 누릴 권리, 정치적인 집회와 결사의 자유를 향유할 권
리, 신앙과 종교와 양심의 자유를 가질 권리, 자신의 재산을 자유
롭게 처분할 권리 등을 가진다. 그래서 ICCPR의 또 다른 이름은
"자유권 규약"이다. 그러나 시민사회의 일원으로서 인간에게 보
장된 자유에도 한계가 있다는 것을 규정하는 것이 제4조의 내용
이다.

제4조에서는 국민의 생존, 국가의 존립을 위협하는 공적인 비상사태가 발생하고 선포된 경우, 국가는 이 규약상에 언급되어 있는 인권보호의 의무를 위반하거나 제한하는 조치를 취할 수 있게 되어 있다. 따라서 코로나 사태라는 팬데믹 상황에서 이 조문이 적용될 수 있다. 그러나 이렇게 위급한 상황에서 국제법상 규정된 인권을 제한하는 특별한 조치들이라 할지라도 그 모든 조치들은 합법성, 필요성, 비례성, 비차별성의 원칙에 의해 엄격히 제한받는다는 것이 유엔의 입장이고, 국제사회가 합의하고 있는 국제인권법적 규범이다.

첫 번째, **합법성**의 원칙에 따라, 인권을 제한하는 모든 특별한 조치들은 법에 근거해야 한다. 전염병의 예방과 유행을 막기 위해 국민의 기본권을 제한하는 조치가 취해지기 위해서는 우선 관련 국내법이 존재해야 하고, 그 법은 자의적이거나 비합리적이지 않아야 하며 법의 내용을 국민들에게 정확하게 알려주고 이해할 수 있게 해주어야 한다. 이것이 국내 공공보건법Domestic Public Health Law이 담당하는 부분이다.

두 번째, **필요성**의 원칙에 따라, 모든 제한조치는 반드시 ICCPR에서 허용하는 범위 내에서 꼭 필요한 만큼만 취해져야 하고, 시급한 사회적 필요를 충족시키기 위해서만 시행되어야 한다.

세 번째, **비례성**의 원칙에 따라, 보호하고자 하는 대상이나 목적을 달성하기 위해 적절한 정도의 조치만 취해야 하며 인권침해적인 요소를 최소화해야 한다.

마지막으로 **비차별성**의 원칙에 따라, 모든 제한조치는 국제인권법이 허용하는 범위 내에서 인종, 피부색, 성별 등에 따른 차별 없이 취해져야 한다.

기본권 제한조치를 취하는 경우, 해당 정부는 유엔을 통하여 국제사회에 그 사실과 그렇게 할 수 밖에 없었던 이유를 알리고, 위급상황이 종료되어 조치가 철회되는 때에는 반드시 국제사회에 통보해야 한다. 따라서 만약 국내외적으로 해당 정부의 제한조치들이 국민의 기본권을 침해할 만큼 정당한 것이었는지에 대한 의혹이 제기되면, 그 입증 책임은 해당 정부에게 있다.

이외에도 국가적인 위급상황에서 취해진 특별제한조치들은 일시적이어야 한다. 또한, 부당하게 이러한 제한조치가 취해지는 것을 막기 위한 안전장치가 존재해야 하며, 위급상황이 종료된 후에는 즉시 일상적인 법적 질서로 되돌아 갈 수 있도록 해야 한다.

또한 행정부가 취하는 임시적인 특별제한조치에 대해서는 입법부와 사법부가 늘 감시하고 견제하는 역할을 해야 할 뿐만 아니라[6] 그러한 조치가 실시되는 기간 동안 가능하면 독립적인 기관이 제한조치의 적절성을 정기적으로 점검해볼 수 있어야 한다.

---

6. Covid-19 pandemic and derogation to human rights by Audrey Lebret, Journal of Law and the Biosciences, Volume 7, Issue 1, May 4, 2020.

이러한 원칙하에 ICCPR 제4조에서는 국가적 위급상황에서 인권을 제한하는 조치들을 허용하는 경우라 할지라도 결코 양보해서는 안 되는 권리들을 제4조 2항에서 규정하고 있다.

구체적으로는 제6조 생명권[7], 제7조 고문이나 비인간적인 대우를 받지 않을 권리[8], 제8조 1, 2항 노예가 되지 않을 권리와 강제노역을 하지 않을 권리[9], 제11조 계약의무 불이행으로 감금되지 않을 권리[10], 제15조 법률불소급에 관한 권리[11], 제16조 법 앞에서 사람으로 인정받을 권리[12], 제18조 사상, 양심, 종교의 자유에 대한 권리[13]가 있다.[14]

또한 유엔에서는 이러한 특별제한조치를 어길 경우 부과할 수

---

7. *Article 6* 1. Every human being has the inherent right to life. This right shall be protected by law. No one shall be arbitrarily deprived of his life.

8. *Article 7* No one shall be subjected to torture or to cruel, inhuman or degrading treatment or punishment. In particular, no one shall be subjected without his free consent to medical or scientific experimentation.

9. *Article 8* 1. No one shall be held in slavery; slavery and the slave-trade in all their forms shall be prohibited. 2. No one shall be held in servitude.

10. *Article 11* No one shall be imprisoned merely on the ground of inability to fulfil a contractual obligation.

11. *Article 15* 1 . No one shall be held guilty of any criminal offence on account of any act or omission which did not constitute a criminal offence, under national or international law, at the time when it was committed. Nor shall a heavier penalty be imposed than the one that was applicable at the time when the criminal offence was committed. If, subsequent to the commission of the offence, provision is made by law for the imposition of the lighter penalty, the offender shall benefit thereby.

12. *Article 16* Everyone shall have the right to recognition everywhere as a person before the law.

있는 벌칙에 대해서도 가이드라인을 제시하고 있다. 우선은 이러한 방역조치를 위반한 사람에 대한 벌칙이나 처벌이 가해지는 경우에도 강압적이지 않아야 하며, 자의적이거나 차별적인 방식으로 적용하지 않아야 하며, 벌금의 경우 위반의 심각성과 개인적인 상황(실업, 장애 등) 등을 고려하여 적절하게 책정해야 한다고 말하고 있다.

특히 자유권에 대해 제한할 경우, 위급상황에 한해서 합리적이고 필요한 만큼, 적절한 법적, 절차적 안전장치를 갖춘 다음에 제한되어야 하는데, 이때에도 언론의 자유만큼은 보장되어야 한다. 가짜 뉴스를 통제한다는 명목하에 언론을 감시하거나 통제해서는 안 되기 때문에 이러한 정보유통과 관련된 위반에 대해서 형사적인 처벌을 가해서는 안 되며, 오히려 정부가 더욱 적극적으로 투명하고 믿을 수 있는 정보를 공개하고 교육함으로써 가짜 뉴스의

13. *Article 18* 1. Everyone shall have the right to freedom of thought, conscience and religion. This right shall include freedom to have or to adopt a religion or belief of his choice, and freedom, either individually or in community with others and in public or private, to manifest his religion or belief in worship, observance, practice and teaching. 2. No one shall be subject to coercion which would impair his freedom to have or to adopt a religion or belief of his choice. 3. Freedom to manifest one's religion or beliefs may be subject only to such limitations as are prescribed by law and are necessary to protect public safety, order, health, or morals or the fundamental rights and freedoms of others. 4. The States Parties to the present Covenant undertake to have respect for the liberty of parents and, when applicable, legal guardians to ensure the religious and moral education of their children in conformity with their own convictions.)

14. 위 ICCPR 조항의 개별적인 특이사항에 대해서는 조문을 확인하기 바란다.

유통을 막는 것이 바람직하다.

제한조치를 집행하는 경찰과 공무원 등도 인권침해 가능성을
최소화하는 방향으로 법과 규범에 입각하여 집행해야 하며, 아주
제한적이고 특별한 경우가 아닌 한 원칙적으로 군대가 동원되어
법 집행자의 역할을 해서는 안 된다.

이상은 유엔이 이번 코로나 팬데믹 상황에서 각 국가가 준수해야
할 인권을 위해 제시한 기본적인 가이드라인이다.

국제인권법적 기준에 비추어 본 한국 정부의 방역조치의 적절성

먼저 코로나19 사태는 WHO가 팬데믹을 선언했을 정도이므
로 국가 위급상황에 해당한다고 볼 수 있다. 따라서 이러한 위급
상황에서 국민의 기본권을 제한하는 다양한 방역조치들이 취해진
것은 불가피한 일이었다고 할 수 있다. 그러나 이러한 방역조치들
중 다소 자의적이고, 비합리적이며, 지나치게 국민의 기본권을 침
해하는 것들이 포함되어 있다는 비판도 나오고 있다. 지금은 코
로나 사태 발발 이후 거의 1년이란 시간이 흘러가고 있고, 앞으로
또 이와 유사한 상황이 발생할 가능성이 높다는 점에서 우리나라
의 방역조치의 적절성을 점검해보는 것은 의미 있는 일이라 할 것
이다.

1. **합법성의 원칙.** 우리나라는 코로나 사태가 본격화되면서 보
건복지부 산하 질병관리청(舊 질병관리본부)의 주도로 "사회적 거리두

기 3단계" 기준을 마련하여 적극적인 방역조치를 취하고 있다.

이러한 조치는 1957년부터 시행된 전염병예방법 및 2020년 9월 29일부터 시행된 "감염병의 예방 및 관리에 관한 법률(감염병예방법)"에 의거한 것이다. 따라서 국내법적 근거가 확립되어 있다는 측면에서 일견 합법성의 원칙을 만족시킨다고 볼 수 있지만, 감염병예방법의 내용 자체가 지나치게 포괄적이고 강력하게 국민을 규제하고 있기 때문에 국제법의 합법성의 원칙에 부합하는지는 추가적인 논의가 필요하다.

2. **필요성의 원칙, 비례성의 원칙, 비차별성의 원칙.** 우리나라에서 취해진 방역조치들이 국제법상 기준으로 제시된 필요성의 원칙, 비례성의 원칙, 비차별성의 원칙을 따르고 있는지, 특히 사회적 거리두기 각 단계의 요건들이 이러한 원칙을 준수하고 있는지 재고할 필요가 있다. 우리나라의 경우, 국민들의 마스크 착용 생활화 등에 기인하여 사망자 수, 감염자 수 등의 통계지표로 살펴본 위험이 상당히 제한적인 수준에 계속 머무르고 있다. 따라서 이러한 현실적 위험의 정도와 비교해서 정부의 방역조치가 지나치게 국민의 기본권을 침해하고 있다는 비판을 받는다. 몇 가지 사례를 다음과 같이 소개하고자 한다.

첫 번째, 북한인권운동가로 알려진 수잔 솔티 여사와 종교의 자유를 위해 활동하고 있는 미국의 시민단체 쥬빌리 캠페인, 그리고 북한자유연합 등이 2020년 8월 말 경에 우리 정부에게 서한을 보내 코로나 사태를 빌미로 우리 정부가 교회를 핍박하고 있다고 지적하고 그러한 차별적인 행위를 멈추어줄 것을 요구하였다.[15]

정부는 반정부 투쟁에 앞장서던 한 교회에서의 대량 확진자 발생을 빌미로 이와 관련도 없는 수많은 다른 교회들까지 묶어서 전체 교회의 현장 예배 금지 조치를 내렸다. 이런 조치는 국제법의 기준에서 필요성, 비례성, 비차별성의 원칙을 명백히 위반한 것으로 보이고, 정당화되기 어렵다.

두 번째, 2020년 10월 3일 개천절에 광화문 광장에 차벽을 설치하여 집회를 막은 사건도 비례성의 원칙을 위반한 위헌적 조치라는 비판이 제기되고 있다.[16] 이것은 코로나19를 빌미로 정부가 야외 집회를 원천 봉쇄한 사건으로서 집회와 결사의 자유를 지나치게 침해하여 국제인권법에 저촉될 가능성이 매우 높다.

이외에도 대형 마트, 휴양지, 극장 등 다중 이용시설에 대한 방역조치 수준과 교회에 대한 현장 예배 금지조치 등이 비례성의 기준에 비추어볼 때 과연 적절했는지에 대해 많은 논란거리가 있다.

이에 대해서는 우리 사회가 앞으로 다시 발생할지도 모를 팬데믹 상황에 더 효과적으로 대처하기 위해 향후 지속적으로 논의하고 고민해보아야 할 것이다. 한 가지 분명한 것은 코로나19와 같

---

15. 크리스천투데이 2020년 8월 24일자 기사 "미국서 '한국정부, 교회탄압 중단' 서명운동"
16. UPI뉴스 2020년 10월 6일자 기사 "광화문 차벽 논란…'방역 위해 불가피' vs '극단적 위헌'

은 팬데믹 상황에서도 우리는 균형감각을 잃지 말고, 국민의 생명 권과 더불어 신앙, 양심, 표현의 자유, 집회 결사의 자유, 언론의 자유 등 민주사회가 존속하기 위해 필수적인 기본권을 지켜 나갈 수 있도록 지혜를 모아야 한다는 점이다. 이번 코로나19 사태가 오히려 우리 사회가 한 단계 더 성숙하고 조화로운 사회로 나아가 는 디딤돌이 되길 진심으로 바란다.

‖ 점검 및 적용 ‖

- 유엔은 코로나19 사태에서 각국 정부가 대응조치를 취할 경우 참고해야 할 원칙들로 어떤 것들을 제시하였는가?
- ICCPR 제4조 기준에 따라, 각 국가가 기본권을 제한할 때 따라야 할 네 가지 원칙은 무엇인가?
- 비례성의 원칙이란 무엇인가?
- 비상시의 특별제한조치를 어길 경우 부과하는 벌칙에 대해 유엔은 어떤 가이드라인을 제시하고 있는가?
- 예배 모임 방역 조치 위반시 벌금, 과태료 부과, 손해배상 청구, 방역 비용 및 치료 비용에 대한 구상권 행사 등을 하겠다고 발표한 정부당국의 강압적 압박은 유엔의 가이드라인에 부합하는가?

12장

존 녹스의 저항권 사상

서창원

경제적 손실뿐 아니라, 코로나19가 우리 사회에 미치는 파장은 막대하다. 코로나19가 그리스도인의 종교생활에 끼친 영향은 교회 존폐 여부까지 논할 정도로 심대하다 말하지 않을 수 없다. 사회 생활을 규제하는 정부의 방역지침에 따라야 함은 분명하지만, 교회의 예배를 금지하는 행정명령에 대한 순종 여부는 쉽게 수긍하기 어렵다. 그 이유는 기독교의 교리적 지침 때문이다. 신앙인은 절대 주권자이신 하나님을 경외하는 자들이다. 우리의 상황이 어떠하든 하나님을 예배하는 일을 중단하는 결정은 인간 누구에게도 주어진 권리가 아니다. 물론 개인적인 질병으로, 또는 불가피한 사고로 예배에 참석하지 못하는 경우가 있다. 여기서 문제되는 것은 그런 것이 아니다. 예배당을 폐쇄하고 공사(公私)의 종교행사들을 일시에 멈추라는 정부의 지시에 대하여 위에 있는 권세들에게 복종하라는 성경의 가르침을 적용할 수 있느냐는 문제이다.

성경에는 모든 것이 가하나 모든 것이 덕을 세우는 것이 아니라는 가르침이 있다. 우리는 이 가르침 역시 지혜롭게 적용해야 한다. 종교의 자유를 내세워서 모임을 갖다가 혹여라도 다수의 확진자가 생기면 그 모든 책임이 교회를 향한다는 차원에서, 또 공공의 유익과 성도들의 보호를 위한다는 차원에서 온라인 예배로 전환하는 것이 덕스러운 것이라는 주장도 설득력 있게 다가오기도 한다. 이런 선택을 양심의 자유 영역으로 치부할 수도 있을 것이다. 그러나 그런 선택이 한두 번으로 단기간에 끝나는 것이라면 크게 문제될 것이 없지만 이번 전염병처럼 사태가 장기화될 때는 선택을 달리 해야 한다. 신앙심이 탁월한 사람도 장기간 공예배에 참석하지 못하면, 나태함, 부주의함, 경솔함, 위선, 그리고 외식의 덫에 빠질 수밖에 없다. 하나님은 야곱의 모든 거처도 사랑하지만 시온의 문들을 더 사랑하신다는 것을 잊지 말아야 한다(시 87:2). 그렇다면 현 상황을 어떻게 이해하고 적용할 것인가? 교회는 순수한 신앙적인 이유를 들어 국가에 저항할 수 있는가? 이 문제에 대하여 스코틀랜드의 종교개혁자요 장로교 설립자인 존 녹스의 저항권 사상을 소개하며 그 답을 찾고자 한다.

존 녹스의 교훈

존 녹스(1514-1572)는 본래 로마 가톨릭의 사제였으나, 스코틀랜드의 개신교 최초 순교자 2인 중 하나인 조지 위스하르트^{George} ^{Wishart}(1513-1546)의 설교를 듣고 개신교로 전향했으며, 그 이후 자신의 조국 스코틀랜드를 세계 최초의 장로교 국가로 바꿔 놓은 위대한 개혁자였다. 그는 다른 개혁자들과 마찬가지로 왕권을 하나님이 제정하신 권력으로 보았으며, 지상에는 통치권자의 권력보다 우월한 권력은 없다고 하였다. 존 녹스는 그의 저항권 사상을 확실하게 표명하고 있는 그의 책《괴물 같은 여성의 통치권에 반하는 나팔소리》에서 위정자에 대한 최고의 충심과 존중은 하나님께 영광이 되게 행하는 것이라고 했다. 군주는 하나님의 율법과 규례에 적시되어 있는 하나님의 뜻을 알고 온 마음을 다해 하나님의 영광을 드러내야 한다고 했다. 또한, 위정자에게 공권력이라는 칼을 들려준 것은 악을 징벌하고 선을 유지하기 위함이라고 했다. 녹스가 의미하는 악은 사회질서를 어지럽히고 하나님의 계명을 파괴하는 행위였다. 녹스에게 있어서 위정자의 통치행위는 지속적이고 불변하는 하나님의 뜻인 도덕법에 준하는 것이어야 했다. 위정자는 백성들의 종교적인 복락을 조성할 책임이 있으며, 탐욕과 편견으로부터 자유해야 하고, 국가의 유지와 번영을 위해 매우 신중하고 주의 깊은 자세를 가져야 한다고 했다.

녹스는 당시의 왕정국가 체제하에서도 혈통에 의한 왕권이 아니라 국민의 선출에 의한 왕권을 내세우는 파격적인 주장을 펼쳤다. 그리고 왕권이 백성들 위에 군림할지라도 군주는 항상 하나님께 책임을 져야 하는 존재임을 상기시켰다. 그렇기 때문에 왕일지라도 그 역시 다른 백성들과 마찬가지로 교회의 치리에 복종해야 할 자라고 제일치리서에 명시하였다. 왜냐하면 왕이나 백성이나 하나님 앞에서는 동일한 위치에 있기 때문이다. 그러므로 왕의 통치권은 왕이 자의적으로 사용해도 되는 것이 아니라 하나님의 말씀에 의해서 제한된 권력임을 지적했다. 즉, 하나님이 명하신 것을 하지 않거나 하나님이 명하지 않은 것을 행하는 일은 범죄행위라고 했다.

그는 메리 여왕과의 담판에서 당당하게 성경에 기초한 자신의 생각을 피력했다. 여왕은 녹스에게 묻는다. "당신은 국민들에게 국왕이 허용하는 것과 다른 종교를 받아들이도록 가르쳤소. 하나님은 권세자들에게 복종하라고 했는데 어떻게 그러한 교리가 가능할 수 있소?" 녹스는 답한다. "올바른 종교는 그 기원과 권위를 세속 군주들로부터 받는 것이 아니라 오직 영원하신 하나님으로부터 받는 것입니다. 따라서 신민들은 자기 종교를 자기네 군주들의 입맛에 맞출 필요가 없습니다." 녹스의 강경한 태도에 놀란 여왕은 성경의 인물들은 군주에게 칼을 들고 항거하지 않았다고 반문한다. 그러자 그는 "군주들이 자신의 통치 범위를 넘어 벗어날 경우에는 힘으로라도 항거해야 한다"는 "저항 사상"을 강력히 피력했다.

녹스에게 있어서, 공공선에 반하는 왕의 부당한 요구에 굴복하고 두려움 때문에 아첨하면서 하는 순종은 범죄행위였다. 그는 잉글랜드의 메리 여왕(피의 여왕이라고도 불림)과 같은 잘못된 군주를 추대한 일에 책임 있는 자들에 대하여 반드시 그 죄를 회개해야 한다고 말했다. 그리고 귀족들(오늘날로 말하자면 국회의원들이나 지자체의 장들과 의원들)은 시민들이 참된 종교에 대해 가르침을 받게 하고, 시민들을 억압하고 탄압하는 모든 것들로부터 보호하며, 그들을 위한 참된 교사들을 유지시켜야 할 의무가 있으며, 그렇다고 해서 자신들을 시민들보다 우월한 계급에 있는 사람으로 여겨서는 안 된다고 했다. 그들은 시민들의 권익을 존중하지 않고 폭군처럼 다스리면 안 된다고 말하면서 심지어 귀족들은 감독이나 목사에 의해서 시민들이 잘못된 길로 인도되는 일이 없도록 시민들의 영혼을 돌볼 책임이 있다고 주장하였다. 당시는 교회와 국가의 관계가 온전히 정립되지 않은 상황이었지만, 녹스는 교회 감독들의 폭거를 제거하고 그 자리에 참된 설교자들을 세우는 일에 정치권이 도와야 할 책무가 있다고 말했고, 그의 주장은 훗날 17세기 언약도들이나 청교도들의 활약상에 그대로 반영되었다.

특히 왕이 하나님을 알지 못하고 참된 종교의 원수일 때, 귀족들은 그런 주권자가 기독교인들을 핍박하도록 방임해서는 안 되며, 모든 일에 있어서 왕으로 하여금 하나님의 영광을 조성하도록 돕고 옹호하며, 국가의 안녕과 시민들의 권익을 보존하게 할 책임이 있다고 보았다. 군주가 하나님의 말씀에 반대되는 일들을 하고자 할 때 그것을 바로잡을 책임이 왕과 함께 국정을 수행하는 귀족들과 위정자들에게 있다고 보았다. 모든 사람, 특히 귀족은 왕의 맹목적인 분노를 저지하고 억누를 책임이 있다. 만일 귀족이 이 임무를 경시하면 하나님의 응징이 있을 것이라고 하면서, 메리 튜더 여왕은 우상숭배하는 사제들과 함께 다시 우상종교(가톨릭을 의미함)를 세웠기 때문에 그에 동조하는 자들과 함께 죽음의 형벌을 피할 수 없다고 했다.

현대 그리스도인의 태도

이상의 녹스의 정치 이론들을 생각할 때 세속 사회에서 정교분리의 원칙[1]을 내세우고 있는 오늘날의 상황 속에서 그리스도인들은 어떤 태도를 가져야 하는가? 녹스의 주장은 성도가 왕에게 순종하는 것이 옳은 일이나, 왕이 하나님의 말씀에 반하는 일을 할 때에는 순종할 이유가 없다는 것이다. 한마디로, 성도는 모든 합

---

1. 나는 정교분리 원칙이 아닌 정교구분 원칙이어야 한다고 믿는다. 스코틀랜드 장로교회와 웨스트민스터 신앙고백서에서는 분리 원칙이 아닌 구분 원칙을 가르치고 있어서 국가에 대한 교회의 책무와 교회에 대한 국가의 책무를 분명하게 언급하고 있다(WCF 23장).

법적인 왕의 명령에 순종해야 하나 하나님의 계명에 반하는 명령에는 불순종할 수 있다는 저항권을 강조하고 있다. 그리하여 왕의 극단적인 욕망에 저항하는 귀족들은 높은 지위에 있는 자들에게 복종하라는 하나님의 권위에 저항하는 자로 정죄되지 않는다는 것이다. 정치적으로 높은 자리에 있는 자들에게 순종하는 것은 정당하다. 따라서 하나님의 법에 반하는 것이 아닌 모든 사항에 순종해야 한다. 그렇다면 힘으로라도 항거해야 한다는 말은 어떻게 받아들여야 하는가?

녹스의 정치 이론에 대한 초기의 생각과 후기의 생각에는 약간의 변화가 있었다. 처음에는 시민 개개인이 원수를 직접 응징하지 말고 하나님께 맡겨야 한다고 했다. 맹목적이고 잔인하고 악의적인 폭군을 미워하지 말고, 그리스도께서 하신 것처럼 핍박자들을 위해 기도하라는 매우 원론적인 가르침을 주었다. 우상숭배자들과 사악한 통치자들을 정죄하는 대신 하나님의 계획을 기다려야 한다고 말하면서, 공의로우시고 변하지 않으시는 하나님이 예후 같은 사람들을 사용하여 피 흘리기를 좋아하는 폭군들과 강퍅한 우상숭배자들을 응징하게 하신 것처럼 하나님의 때에 하나님이 응징하실 것을 기다리는 것이 좋다고 했다. 녹스의 생각이 강경한 저항권을 옹호하는 쪽으로 바뀐 것은 피의 여왕 메리의 통치가 계기가 되었다. 그 당시 288명이 순교하였고 800여 명이 넘는 개혁자들이 유럽대륙으로 망명을 떠났다. 그 학정을 피해 제네바로 피신했던 녹스는 1558년에 쓴《괴물같은 여성의 통치에 반하는 나팔소리》라는 책에서 교회의 강력한 저항권을 부르짖었다. 그는 불의하고 불경건한 일을 옹호하고 여성 통치자인 메리에게 맹세한 것 자체가 죄이기 때문에 그 맹세를 깨는 것을 두려워하지 말라고 촉구하면서 메리 여왕을 보좌하는 신하들의 이탈을 촉구했다. 그의 생각은 하나님을 대적하고 그분의 알려진 진리에 반하여 행동하는 폭군을 순종하고 따르라는 성경 말씀은 없다는 것이었다. 그러한 사상적 배경하에서 녹스는 훗날 조국으로 돌아왔을 때, 메리 여왕과의 담판에서 하나님의 말씀에 반하는 악한 일들을 요구하는 왕에게 저항할 수 있고 심지어 힘으로라도 그렇게 할 수 있다고 분명히 말했던 것이다.

그러나 잘못들을 교정하고 우상숭배자들을 처단하는 직무가 백성 개개인에게 주어져 있는 것이 아니다. 그 일은 위정자들(오늘날로 말하자면, 사법기관이나 국회의원들과 같은 이들)의 몫이다. 따라서 백성들은 인내하고 기도하면서 하나님의 응징을 기다려야 한다. 이것은 폭군의 통치하에서 핍박을 받는 기간 동안에 백성들이 취할 태도이다. 그렇기 때문에 현대 시민들이 할 수 있는 일은 자신들이 선택한 정치 지도자가 폭군이 되거나 하나님을 대적하는 우상숭배자가 된다면, 그들을 폐위시키거나 징벌할 수 있는 위치에 있는 국회나 헌법재판소와 같은 기관을 이용할 수 있을 것이다. 심지어 녹스는 백성들이 군주에게 거짓 목자들은 추방시키고 참된 설교자들을 세워 달라고 요구할 수 있다고까지 말했다. 왜냐하면 백성이든 군주이든 자기의 뜻을 추구할 자유가 없는 자들이기 때문이다. 지배자이든 피지배자이든, 우선적인 순종은 하나님께 드려야 한다. 통치자들이나 귀족들이 그들의 임무에 무관심하다면, 백성들이 권위에 있는 악한 자들을 현대적 선거 방법에 의해 낙선시킴으로써 징벌을 가할 수 있을 것이다. 특히 성도는 하나님의 말씀에 반하는 정책에 대하여 동의하지 않아도 된다. 녹스는 그런 일에 총회적으로(녹스는 회집된 총회는 하나님으로부터 권세, 열쇠권을 소유하고 있다고 보았다) 대응하여 모든 유형의 우상숭배를 배격하고 말씀에 위반하는 정책들을 반대하고 적극 저지함으로써 이 땅을 정결케 할 의무가 있다고 보았다. 녹스는 스코틀랜드가 하나님의 영광을 위한 조국이 되길 간절히 바랬다. 그의 마음은 그 일을 위해 조국에 올바른 종교(기독교)를 세우고자 하는 열망으로 가득했다. 그리하여 필요하다면 무력으로라도 저항권을 행사할 수 있다고 한 것이다.

이와 관련해서 칼빈의 입장은 무엇이었는지 그의 기독교강요 4권 20장에 수록된 글을 잠시 소개하며 글을 마치고자 한다. 칼빈과 녹스의 관계는 녹스가 1554년에 제네바로 피신한 때로부터 시작되었다. 녹스가 칼빈과의 친밀한 교제를 통해 그에게서 많은 영향을 받았다는 주장들이 있다. 그러나 학자들의 일반적인 입장은 녹스의 정치사상만이 아니라 상당한 영역의 신학적 입장들이 칼빈을 만나기 전에 이미 세워진 것이요, 칼빈과의 교류를 통해서

심화되었다는 것이다. 따라서 녹스의 이론이나 칼빈의 이론에 큰 차이가 없음을 발견한다. 실제로 장로회 원리를 지상에 최초로 구현시킨 것은 존 녹스였지 칼빈이 아니었다.

칼빈도 시민 통치자에 대해서 그들은 하나님이 세우신 기관이며, 하나님의 인격을 대표하는 존재로 묘사하였다. 그들은 하나님의 대리인으로서 백성들을 선하고 복되고 정의롭게 통치할 의무가 있다. 우선적인 의무는 종교와 신적 예배를 위한 돌봄이다. 시민 통치권자는 위임된 보호자이며 공공의 순전함과 겸손함, 명예 및 평정을 지켜야 할 자이다. 또한, 그들은 공공의 평강과 안전을 제공하는 일에 관심을 기울여야 한다. 이 목적을 위하여 그들에게 악한 자들과 범죄자들을 제압할 수 있는 공권력이 주어진 것이다. 이러한 칼빈의 주장은 녹스의 주장과 동일하다.

"통치자들을 향한 신민들의 첫째가는 의무는 그들의 직위를 지극히 존귀하게 대하며, 그 직위를 하나님께서 베푸신 관할권으로 여기고, 그들을 하나님의 사역자들로 또한 대리인들로 높이고 존경하는 것이다." "진노 때문이 아니라 양심을 따라 순종하라는 로마서 13장 5절은 신민들로서 군주와 통치자들에 대한 두려움으로 그들에게 굴복해서는 안 되며 하나님께 드리는 복종을 자의로 그들에게 드려야 한다. 통치자의 권세가 하나님께로부터 온 것이기 때문이다."

신민들의 두 번째 의무는 통치자들을 향해 존경하는 마음을 갖고 그들을 향한 복종심을 증명해보여야 한다(롬 13:1-2; 딛 3:1; 벧전 2:13-14). 성도에게는 통치자들의 안전과 번영을 위해 하나님께 간구할 의무가 있다(딤전 2:1-2). 그렇다면 성도는 어떤 공적인 규정이 개정을 요한다고 할 때에 직접 왕에게 요청할 수 있는가? 칼빈은 그럴지라도 "성도는 소요를 일으키거나 자기들의 손으로 그 일을 직접 처리해서는 안 된다"고 말했다. "그 문제를 통치자의 판단에 맡겨서 그가 홀로 자유로이 처리하도록 하여야 한다." 그러나 악한 통치자에 대하여는 어떤 자세를 가져야 하는가? 칼빈은 이렇게 말하고 있다. "통치권은 하나님께로부터 온 것이기 때문에 통치권자가 누구든지 그는 하나님이 합당한 권세와 함께 부여하신 거룩한 위엄을 지니고 있다." "악한 왕은 그 땅에 임하는 여호와의 진노이다"(욥 34:30; 호 13:11; 사 3:4, 10:5; 신 28:29). "그러므로 잔인한 군주에게 혹독한 고통을 당하거나, 탐욕스럽거나 방자한 군주에게 착취를 당하거나, 불경하고 모독을 일삼는 군주에게 경건의 일로 큰 어려움을 당할 때, 우리는 먼저 우리 자신의 잘못을 먼저 생각하여야 할 것이다. 그러한 잘못 때문에 우리가 주께로부터 그런 매를 맞고 있는 것이기 때문이다(단 9:7 참고). 이와 함께 그런 악을 치유하는 것이 우리의 할 일이 아니라 주님의 도우심을 간구하는 것이 우리의 할 일이라는 것을 명심하라. 왕들의 마음도 나라의 변화도 모두 주님의 손에 달려 있다(잠 21:1)."

그렇다면 국민으로서 성도들이 할 적극적인 일은 없는가? 칼빈은 합법적인 저지 수단을 말하고 있다(22장 31항). "제멋대로 날뛰는 폭정에 대해서 보응하시는 것이 주의 뜻이라 할지라도 우리는 그 일이 우리에게 맡겨졌다는 식으로 금방 생각해서는 안 될 것이다. 우리로서는 오직 복종하고 묵묵히 견디라는 것 외에 다른 명령을 받은 바가 없기 때문이다." 그러나 왕들의 사악한 행위들을 억제하도록 임명된 백성들의 관리들이 있다면 바로 그들을 통해서 그들의 의무에 따라 왕들의 맹렬한 방종을 대적하는 것이 합법적이라는 것이다. 칼빈은 그런 위치에 있는 관리들이 이 의무를 실행하지 않는 것은 "극악스러운 배신 행위"라고 보았다. 칼빈 역시 통치자들에 대한 복종은 하나님을 향한 순종에서 벗어나는 일이 되어서는 절대로 안 된다고 하면서 이렇게 말했다. "모든 왕들의 욕망도, 왕들의 모든 명령도, 왕들의 권위의 홀도 모두 그분께 복종하고 굴복해야 한다. 그러므로 여호와께서 왕 중의 왕이시니 그분이 자기의 거룩하신 입을 여시면 다른 모든 사람들의 말에 앞서서 오직 그분의 말씀을 들어야 하는 것이다…오로지 하나님 안에서만 복종해야 하는 것이다. 만일 통치자들이 하나님을 거스리는 일을 명령하면 그 명령은 듣지 말아야 한다. 이때에는 통치자들이 소유한 위엄에 대해서 전혀 개의치 말아야 한다. 하나님의 고유한 최고의 권위 앞에서는 그들의 위엄이 낮아져도 아무런 해가 없다(단 6:22-23). 또한, 그런 왕에게 순종하는 것은 죄이다…우리는 경건에서 떠나기보다는 차라리 무엇이든 그대로 견디고 당하면서라도 주께서 요구하시는 복종을 시행해야 한다…우리는 사람들의 악한 욕망에 종이 되어서는 안 되며, 더욱이 그들의 불경에 굴복해서는 더욱더 안 된다(고전 7:23)."

이상의 글에서 우리가 명확하게 이해해야 할 것은 권세자에 대한 성도의 순종은 한마디로 "주 안에서의 순종"이라는 것이다. 선택이 요구될 때 항상 주님의 말씀에 순종하는 것이 먼저이다. 그에 반하는 행위는 모든 것이 다 죄이다. 하나님의 말씀에 명백히 위배되는 정책들이 실시됨에도 불구하고 침묵하고 있는 것은 직무유기죄에 해당된다고 할 수 있다. 하나님의 법을 선포하는 것은 목사가 담대히 해야 할 일이다. 목사는 그리스도의 이름 때문에 능욕당하는 것을 이집트의 모든 보화보다 더 큰 재물로 여긴 모세의 길을 본받아야 한다. 성도 개개인이 국가의 한 시민으로서 왕권에 대한 저항을 표출하는 것보다 천국 열쇠권을 가진 총회적인 결의를 통해 저항권을 강력히 행사하는 것이 효과적이고 바람직하다. 포괄적 차별 금지법이나 비혼 여성의 아기 가질 권리에 대한 입장과 같은 것만이 아니라, 코로나19 상황하의 방역정책과 같은 정부의 정책들이 성경에 근거한 신앙의 근본 원리를 훼손하는 것이 분명하다면, 그것이 무엇이든지 총회적으로 강력하게 저항해야 하며 하나님께 순종하는 것이 우선적인 복종이라는 녹스나 칼빈의 가르침을 분명히 실천해야 할 것이다.

‖ 점검 및 적용 ‖

- 존 녹스는 왕이 참된 종교의 원수일 경우, 귀족들에게 어떤 의무가 있다고 하였나?

- 칼빈은 통치자들이 하나님을 거스르는 일을 명령하면 어떻게 해야 한다고 말하였나?

- 통치자들의 권세는 독자적인 권세인가 아니면 하나님으로부터 위임받고 하나님 앞에 책임을 지는 권세인가?

- 녹스는 세상 권세가 잘못된 길로 갈 때 교회는 총회를 통해 어떠한 일을 해야 한다고 말하였나?

이명진

명이비인후과 원장이자 의사평론가. 경희대학교 의과대학을 졸업했고, 이비인후과 전문의이다. 의료윤리연구회 초대회장을 역임했으며, 현재는 서울시 의사회 윤리위원, 성산생명윤리연구소 소장으로 있다. 저서로는《이명진 원장의 의료와 윤리》,《이명진 원장의 의료와 윤리 II》,《이명진 원장의 의사 바라기》등이 있고, 역서로는《의학전문직업성 교육》이 있다.

명재진

충남대학교 법학전문대학원 교수. 연세대학교 법과대학 및 동 대학원을 졸업하였고, 독일 BONN 대학에서 법학 박사(헌법학) 학위를 받았으며, 헌법재판소 비서관 및 충남대 법학전문대학원 원장을 역임했다.

조정의

유평교회 담임목사. 미국 마스터스 신학대학원^{Master's Seminary}에서
M.Div.와 Th.M. 학위를 받았다. 저서로는 《정직한 크리스천의 솔
직한 질문들》, 《내삶 사용법》이 있으며, 웹사이트 achurch.or.kr과
gracetokorea.org에 글을 기고하고 있다.

이상규

고신대학교 명예교수이자 백석대학교 석좌교수. 고신대학교와 호주
빅토리아주 장로교 신학대학에서 교회사를 연구하고, 호주신학대학에
서 신학 박사 학위를 받았으며, 미국 칼빈대학과 호주 메쿼리대학 초
기기독교연구소에서 연구를 했다. 저서로는 《초기 기독교와 로마 사
회》, 《역사의 거울로 본 교회 신학 기독교》 등이 있다.

이승구

합동신학대학원대학교 조직신학 교수. 서울대학교 대학원에서 M.
Eds, 학위를 받았고, 합동신학대학원대학교에서는 M.Div. 학위를 받
았으며, University of St. Andrews에서는 신학 M. Phil., Ph.D. 학위
를 받았다. 한국개혁신학회 회장 및 한국장로교신학회 회장을 역임
했으며, 현재는 한국복음주의신학회 회장, International Journal of
Reformed Theology 아시아 편집위원으로 있다. 저서로는 《광장의 신
학》, 《우리 사회 속의 기독교》, 《거짓과 분별》, 《성경신학과 조직신학》

등 다수가 있다.

정소영

미국 변호사이자 세인트폴 세계관 아카데미 대표. 연세대학교 영어영
문학과, 한동국제법률대학원을 졸업했다. 저서로는《미국은 어떻게 동
성결혼을 받아들였나》,《크리스천 청소년들이 꼭 알아야 할 세계관 특
강!》,《고전이 알려주는 생각의 기원》이 있고, 역서로는 가브리엘 쿠비
의《글로벌 성혁명》이 있다.

서창원

총신대학교 신학대학원 역사신학과 교수. Free Church of Scotland
College에서 M.Div. 학위를 받았고, 1992년에 한국 개혁주의 설교연
구원을 설립하여 지금까지 원장으로 있으며, 영국의 '진리의 깃발'지
한국어판을 발행하였다. 저서로는《땅에서 열어가는 천국》,《청교도
신학과 신앙》,《조지 횟필드의 생애와 사역》등 다수가 있으며, 역서로
는《마틴 로이드 존스의 십자가》,《진리의 심곡에 서서》등이 있다.

코로나 바이러스와 교회 셧다운

지은이 명재진, 서창원, 이명진, 이상규, 이승구, 정소영, 조정의
펴낸이 김종진
편집 김예담
디자인 이재현
초판 발행 2020. 12. 23.
등록번호 제2018-000357호
등록된 곳 서울특별시 강남구 선릉로107길 15, 202호
발행처 개혁된실천사
전화번호 02)6052-9696
이메일 mail@dailylearning.co.kr
웹사이트 www.dailylearning.co.kr

ISBN 979-11-89697-15-0 03230